論教育

PROPOS SUR L'ÉDUCATION

阿蘭

陳太乙——譯　　楊凱麟——審訂

目錄

論教育

PROPOS SUR L'ÉDUCATION

01

孩子的雄心

有些人喜歡玩「填字」遊戲。這遊戲眾所周知，玩法是用零散的字母組出文字。這些組合高度刺激專注力，三到四個字母的小題目極度便利，鼓勵心智投入一項頗為耗神的習作。這是一個學習技術用語與正確拼字的好機會。因此，我常心想，要集中孩童的注意力很容易：替他搭一座橋，架在他玩的遊戲與各位的學識之間，讓他不知不覺地進入學習狀態；然後，由於這種童年養成的習慣，終其一生，學業將會是一種休憩與歡樂，而非大多數人記憶中的那種酷刑。所以，我與蒙田曾是同路人，一起依循這迷人的點子。但黑格爾的幽靈更有說服力。

這個幽靈說，孩子其實不如你所以為的那麼喜歡孩童似的歡樂。在他當下的生活中，是的，他的確還是個孩子，喜歡當個孩子；但對你來說如此，對他來說並不是。基於反射動作，他很快就抗拒自己的孩童狀態；他想當個大人，而在這一點上，他比你認真嚴肅得多；比起幼稚的你，他反而比你更不像小孩。因為，對於使出童年全副力氣成長的孩子來說，大人的狀態很美好。睡眠是一種動物性的享受，總有點陰沉灰暗；但人們一下子就迷失其中，鑽溜進去，深陷進去，絲毫不想回歸自我。這是最好的樂趣，是動物與植物最大的享受，想必沒錯；這也是無法克服任何事情，不肯提升自我的人最大的樂趣。但搖哄催眠並非教導。

相反地，這巨大的幽靈說，我希望遊戲與學習之間彷彿有一道鴻溝阻隔。什麼？透過填字遊戲來學閱讀與書寫？用榛果來算術，用猴戲般的活動來學習？我要擔心的恐怕是這些偉大的奧祕顯得不夠困難，也不夠莊重。呆瓜玩什麼都開心，他大口吞食你的美妙點子，咀嚼，發笑。這個假扮成大人的野人令我擔憂。畫一點圖畫，當作玩耍；彈奏幾個音符，說停就停，毫無節拍可言，沒有事情正經嚴肅的一面。一場關於鐳的演說，或一封無線電報，或X光，一副骷髏的黑影，一則軼事。一點舞蹈，一點政治，一點宗教。深不可測的事物用六個字就說完。「我知道，我懂了。」呆瓜說。無聊反而更適合他，說不定，他能打發這無聊時光。但在這場填字遊戲中，他坐著不動，而且非常忙碌，以他的方式一本正經，並且很滿意自己的表現。

我更喜歡的是，幽靈說，當孩子發現已到學習時間，人家卻還繼續要逗他笑時，流露出那種男子漢的難為情。我要他覺得自己很無知，還差得很遠，很落後，還是個小男孩；要他以成人心態來幫助自己，要他自己學會尊重，因為懂得尊重的是大人，而不是小孩。願他透過大量的謙卑，養成巨大的雄心，寬大的胸襟。願他自己建立規矩並自發地遵守；永遠努力不懈，永遠向上前進。艱難地學習簡單的事。做到這些之後，抒發動物本性，跳躍喊叫。進步，幽靈說，來自對立與否定。

02

孩子的熱情

我曾對某項教育調查做出回應，這始終只是為了對寓教於樂的系統狠狠補上一腳。抱歉讓一些非常善良且理性出眾的人們添增困擾。只不過，事情是這樣的：教育家們都是乖孩子，不曉得熱情的力道多麼強大。人是一種動物，而高人一等的人可能比其他人更像動物。我從中發現其中一種紀律化的力量，但總歸是力量。這使我領悟，原來是動物在思考，這個前提無人能避免。然而，偉大的楷模亦讓我們得以讚嘆人和動物之間的遼闊差距。我知道人們如何訓練狗，而愈完美的訓練愈能造就出史上最像狗的狗。我把牠們管教得愈好，牠們就愈像狗。

所以，若要為他們好，重點完全不在於馴服這些小大人。正好相反，應該把學習這件事交給他們親力親為，這麼做等於在鞏固他們的意志力。因為，人類的美德別無其他，正在於此。而我絲毫無意如同衛隊訓練馬匹那樣，要求人去習慣突如其來的噪音。總之，教育中的所有積習，在我看來，都不合乎人性。換句話說，令人感興趣的經驗，在我看來，都是對聰明才智的扼殺，例子不下千百。野蠻人感興趣的是漁獵相關之事，時間的變換，季節的更迭，四季的訊息，而我們卻視之為迷信和輕信，認為他們受積習控制。他們十分擅長拉弓射箭和追蹤，但也相信，魔法，也就是咒語，即可致命。他們曾見識其成效，所以擔憂成因；我從中看出動物因害怕皮鞭而產生的行動：人類才拿起鞭子，牠已開始嗚咽哀嚎。牠相信自己，相信積習所造成的動物行為，因此非常相信光是看見皮鞭就會痛。野蠻人被以同樣的方式管控，也同樣如此天真，以為只要巫師射出一道眼神，就能摧毀一整天的打獵運；而因為他深信不疑，所以印證事實；因為，確信打不到野獸的人必然打不到。這類陷阱，形式千百種，恰能解釋那不可思議的野蠻與狂躁。這種狀態，我們剛脫離未久，而孩子，可以確定，完全尚未脫離；因為他出生時一身赤裸，皮囊中帶著所有熱烈的熱情。

拯救人類脫離近乎野蠻的狀態，這項巨大的危險，亦是當務之急，始終如此急迫，指揮著我們朝人性目標勇往直前。孩子必須認清他有掌管自己的能力，首先要做的就是絕不相信自己。他應該也要感受到，這份自我鍛鍊的工作既困難又美好。我不僅要說容易做到的事皆低劣，更要說：人們相信凡是可以容易做到的事都不好。比方說，容易做到的專注一點也不是專注，或者這麼說好了：伺機偷吃糖的狗也算是全神貫注。所以我不要有甜頭的痕跡，也認為在苦杯邊緣抹蜂蜜的老把戲荒謬可笑。我寧願在一杯蜂蜜邊緣塗上苦藥。然而根本不需要這麼做。貨真價實的難題，起初的滋味總是苦的，唯有能克服苦味的人才嘗得到後來的甘美。因此，我不會保證其中必有樂趣，而是把目標訂在克服困難。這才是適合人類的誘因，只有如此，他才能達到思考的境界，而非淺嘗即止。

這其中所有的技巧在於根據努力程度逐漸增加挑戰難度，因為最重要的事是讓孩子對自己的能力懷抱高度理想，透過贏得勝利來維繫；但同樣重要的是：這些勝利必須得來不易，並且不靠任何怪力援助取得。本身就有趣的事物有個缺點，那就是人們不需費力就自動感興趣，也就是說，不必靠意志力去學就能對它感興趣。這就是為什麼我連漂亮的言辭也不屑，因為它是一種讓專注力變得容易的方式。孩子不僅應具有戰勝無趣及抽象的能力，還應該曉得自己具有這樣的能力，而這正是該強調的部分。而這其實就是將教導體操時不可忘記的原則，應用於心智的養成上。因此，請試試這種嚴格的方法，你將立即看見一份旺盛的雄心，那是狗所沒有的，追求聰明才智的雄心。

03 挨打的孩子

在布爾喬亞家庭出生養大的孩子會模仿交談與禮節，讓座、領路、致意，覺得這些一點也不難。這是因為要學的事情不算什麼，學習的人本身卻幾乎是一切。耍雜技的孩子，在馬戲團的地毯上試著用頭頂起身體倒立，或完成驚險的跳躍，在這些事情中，意見毫無意義，因為重力自然會嚴峻地矯正笨拙的姿勢；無論父母是否介入，看起來總像是孩子深受每個錯誤打擊。這兩種方法教出兩種不同的人，兩種尊重，兩種榮譽感。一個演奏名家的孩子假裝正在演出，接受掌聲，行禮致意，與王子們交談；在演奏家的專業中，這屬於容易的部分，但他無法在小提琴或鋼琴前裝模作樣，因此必須經常強迫他苦練。而許多藝術家在起步時即在尺板揮打之下才能做到音準和拍準。以人類價值為基準來審視結果，即能明白，純粹溫柔的教育欠缺某種東西。蒙田每天早晨被樂器的聲響喚醒，那並非養成一位音樂家的好方式。只有根據嚴苛的方法由自身獲得之物才能造就人的價值，而那些拒絕嚴格教法的永遠一文不值。

這並不表示我贊成棍棒教育。皮耶・宏普（Pierre Hamp）[1]曾寫下了他職業生涯的心路歷程，在這本傑作中，他告訴我們，一個小糕點學徒只要笨拙出錯，無論是否可原諒，腦袋立即挨上一鑊子，很痛的一記。在這一行，很難說成功或失敗究竟取決於動作的速度還是準確度。許多人會說，有些人就像那些高貴的純種馬，為了超越旁邊的馬匹，不惜用盡全力；但若想在同樣的時間內多贏半公尺，終究必須努力伸長脖子。拳擊手若認真出拳，也許就能更敏捷地招架；而若差那麼一秒，不是鼻梁出血就是眼睛腫成大包。但也完全不該就此下結論說他可任意支配意志力，而且這樣最好；因為，想要被猛打的是拳擊新手本身：他希望自己的失誤是被力量懲罰，而非被輿論制裁。當然，用力氣大來壓制的教導方式曾經過度失當。洛克在其兒童教育論述[2]中建議用力狠狠痛打說謊的孩子。這之中還

1 皮耶・宏普（Pierre Hamp, 1846–1962），本名Henri Bourrillon，法國作家。自學者，精通三種語言。擔任過糕點學徒、廚師、鐵路員工、主管、監工、紡織廠廠長、學習中心主任、記者等職務，後來進大學受教。著作豐富，多關注勞工議題，並曾擔任《人道報》（*L'Humanité*）專欄主筆。

2 編註：洛克在《教育漫話》中提到當孩子因說謊受到嚴厲斥責後，仍不能改正時，只得使用棍棒以杜絕說謊的惡習。但事實上，洛克並不鼓勵體罰。

缺少了什麼？缺少的是由說謊的孩子自願要求被痛打。重點即在於此。必須由孩子自己去找麻煩，並拒絕接受幫助或照顧。不只因為這樣的孩子才能找到自我，而且這才是正常的。

孩子所秉持的，根本不是對遊戲的愛好，因為他分分秒秒都在掙脫對遊戲的愛好，那是脫下嬰兒服改穿童裝的長大過程。每天忘掉前一天那個稚氣的自己，整段童年都這麼度過。面對遊戲的吸引力，雄心志氣不斷挫敗，而持續玩個不停的遊戲絕對會帶來後悔與無聊。孩子發出求助信號。他想立刻從遊戲中脫身，自己做不到，但是自願地想做到。宛如萌芽一般，這即是意志力的開端。正因如此，值得保留棍棒教育之處就保留，我們不該怕被他討厭，反而應該擔心常討好他。他喜歡看起來討人喜歡的事物，同時卻也輕視它。如果你幫忙替他數數兒，他會讓你幫，還會很高興，因為他是個孩子。但如果你不幫他，相反地，冷漠地等他自己幫自己，如果你毫不留情地指出他的錯，那麼，他會把你當成真正的朋友：是一個毫不阿諛奉承，不作弊取巧的人。至於嚴厲的態度，數字本身就會承擔，它們可不講情面。有價值的導師將以這樣的方式得到表揚且當之無愧。

04

討孩子開心

當有人隨眾附和說：應該讓孩子開心，那才是教導他們的正確方式，那就讓他去說吧！但我不太喜歡這張甜言蜜語的嘴，也不喜歡這位矯情的導師。在我還是小學生的時候，曾遇過一位老師，他真的非常和藹可親，很能引發小聽眾們的興趣，甚至可以說我們都很喜歡他。然而，他從來沒辦法克服某些秩序混亂，其原由我還記得很清楚，就是來自於不慎重的讚許行為。而那很快就蔓延成喧鬧紛亂；年輕氣盛再加上群眾效應，場面如自然元素產生反應般地躁動起來。從這件事，我悟出了某種職業法則，那就是引發興趣是必須的，我同意，但不該刻意去討喜，尤其不該顯露出我們想這麼做。這條法則即使深藏不露，亦適用於演說家，以及所有能舉列出的藝術。演員的天職不就是讓人開心？是的，但討人歡心也有各式各樣，困難之處在於，讓人們最後喜歡上初步接觸時一點也不討喜的那個人。

無論就哪種程度而言，領導者的天職，皆包藏好幾種狡猾心計。這些演員自創背對觀眾的演出方式，或許透過一些小理由，他們早已察覺，有時候表現出一定的冷漠，反而有助適度提升注意力，並能幫觀眾發掘一種他們怎麼樣也想像不到的樂趣。如果我聆聽得夠仔細，音樂家的藝術，起初並非為了討人歡心，反倒像在強迫。樂音一開始就聽來過度奉承，反而造成侵擾。還有一種迎合拍馬的建築，一種濫用玫瑰的花環。我覺得大人是一種驕傲且難相處的動物。而在這方面，孩子比大人還大人。一個被寵壞的孩子就是一個被甜言蜜語和現成樂趣撐飽的孩子。所以，他還想要什麼？人想要什麼？想要困難的，而非愉快的，而倘若他不能保持這種做人的態度，他會想要大家幫他做到。他能預先感覺到不同於口沫橫飛的樂趣；他第一個想要的是提升高度，直到能看見另一道樂趣風景。總之，他要人家把他「拉拔長大」，這說法形容得可真好。

這種說法非常好，孩子透過成長這項自然運動，充分地掌握其完整意義。關於孩子，仔細想想，你所關心的他早已是昨天的他，所以他把自己變得幼小些，好讓你去取悅他，但請小心招來輕視。在這件事上，可畏的是，輕視來自於現在的自己，他輕視那已被超越的自己。孩子就是這樣進步的。倘若不需要你他就能成功做到，你就只是個提供消遣的人，而再也沒有比提供消遣的人被看得更低的了。「對昨日這個小孩來說，」孩子心想，「我現在的把戲已經夠好了。」

這就是為什麼我不太相信那些看起來像一連串遊戲的好玩課程。那是天真人士的幻夢，他們沒學過這門專業。當然，能窺探事物原由最好，但專業的教導比較樸素而直接。鐘聲或哨音可提醒遊戲結束，回歸較嚴肅的秩序。實際運用的結果告訴我們，不痛不癢的過渡方式毫無必要，需要的反而是全面性的改變，而且從外表上就能明顯地看出來。專注力因此提升一大階，不再像小狗一樣，尋求舔舐的樂趣；不再貪得無厭，化為克己自儉、耐心，以及對超越自我的期待。小狗那種專注不叫注意力。

05 學習的嚴肅性

對那些兒童樂園和其他以寓教於樂為手段的發明，我沒有多大的信心。首先，對大人而言，這種教學法就已經不怎麼優秀。我大可舉幾個人當例子：他們算是受了很多教育，讀《帕爾馬修道院》（*La Chartreuse de Parme*）[3]或《幽谷百合》（*Le Lys dans la Vallée*）[4]卻覺得索然無趣。他們只讀二流作品，書裡的一切都安排得讓人第一眼就喜歡，但是沉迷於膚淺樂趣的同時，他們失去了本可征服的高等享受，只差一點勇氣和專注力。

要好好拉拔一個人，沒有任何經驗比得上發掘更高等樂趣這個方法；如果當初在起步之時未曾嘗過一點苦頭，他就永遠也享受不到。蒙田很艱深，必須先了解他，朝他的思想接近，從中找到自己的定位，然後才能發掘他。同樣的道理，用組裝紙板來學幾何，可以讓人開心，但較嚴肅的難題所帶來的樂趣亦更刺激。因此，解讀一首鋼琴曲的樂趣，在最初的幾堂課一點也感覺不到，必須耐得住初學時的無聊。這就是為什麼我們不能用嚐水果蜜餞的心態讓孩子品味科學與藝術。吃苦才能成人，真正的樂趣，應該去爭取贏得，應該要匹配得上。要怎麼收穫先怎麼栽。這是不變的法則。

逗人開心這門專業很吃香，酬勞也很豐厚，但事實上，卻暗暗受到輕視。那些平淡無趣的周刊，配上圖畫裝飾，所有藝術和科學集中在一起，放在就連散漫無比的目光亦隨時可及之處。要怎麼評論這樣的報章媒體？旅行、鐳、飛機、政治、經濟、醫藥、生物，應有盡有，而作者們已拔除所有尖刺。如此貧瘠的樂趣有害無益，使人討厭富精神深度的事物，而這些事物乍看枯燥，其實美妙有趣。例如我剛才提到的那兩部根本沒人肯讀的小說。到處盡是被無知忽略的樂趣，而且是每個人拿出一點勇氣就能獲得的樂趣！我聽人說過，有個孩子被過度寵愛，得到一組木偶劇場當新年禮物，像個老常客似地安坐在舞台前方，而他的母親則拚命努力讓各種人物做出動作行走，一面還要編故事。在這樣的情境下，思緒像

3 編註：法國著名批判現實主義作家司湯達（Stendhal, 1783–1842）的一部重要小說。

4 編註：巴爾札克（Honoré de Balzac, 1799–1850）的巨作《人間喜劇》其中一部。

頭肥鵝一般腦滿腸肥。我比較喜歡精瘦的思想，它才有能力去追逐獵物。

尤其孩子們還如此清新，擁有那麼多活力，貪婪的好奇心，我不要人家就這樣給他們剝好的核桃。相反地，教導的全部藝術在於做到讓孩子願意吃苦，將自己提升到大人的狀態。在此不必擔心他沒有野心，野心正是孩童精神的動力發條。童年期是一個弔詭的狀態，給人一種無法久留的感覺。成長必急切地加速這個超越的運動，而以後又會變得太過遲緩。成人應告訴自己，就某方面來說，他其實不如小孩理智認真。孩子身上想必有輕浮的一面，需要動來動去，發出噪音，那是遊戲的部分；但在從遊戲轉到學習時，孩子也需要感到自己在長大。這美妙的轉換，我非但不要把它變得不痛不癢，反而要它深刻難忘且正式莊重。孩子將感激你曾經強迫他，將鄙視你曾經討好他。學徒是最好的體制，能讓人感受到工作的嚴肅性。只是，正因基於對工作的需求，他獲得的培養多著重在性格，而非思想。如果學習思考跟學焊接一樣，人民早已當上國王。

然而，一旦我們開始接近真實的思想，便會臣服於這種先接受再談理解的條件，甚且懷著某種虔誠。閱讀，本身就是貨真價實的崇拜（Culte），文化（Culture）一詞的字根已提醒我們。輿論、範例、榮耀之喧嚷恰如其分地支配著我們。但美更在它們之上。因此我根本不認為孩童必須充分了解自己在讀念背誦著的一切。所以，是的，與其選弗洛里昂（Florian）[5]，不如讀拉封丹（La Fontaine）[6]，讀高乃依（Pierre Corneille）[7]、拉辛（Racine）[8]、維尼（Vigny）[9]和雨果（Hugo）[10]。

但對孩子來說，這些太深了？還用說嗎!?這正是我的期望。孩子首先會被和諧迷住。傾聽內心的美麗的事物，彷彿一曲音樂，這是他們的第一場冥想沉思。

5 讓・比埃爾・克拉里斯・德・弗洛里昂（Jean-Pierre Claris de Florian, 1755–1794），伏爾泰的侄孫。創作長篇小說、中篇小說、喜劇和牧歌式田園詩，三十七歲進入法蘭西學士院。主要作品為一七九二年出版的五卷《寓言詩》，在法國文學史上是繼拉封丹後最重要的寓言詩人。

6 尚・德・拉封丹（Jean de La Fontaine, 1621–1695），法國詩人，以《拉封丹寓言》聞名於世，風格靈活鮮明，重現古代希臘、羅馬、印度等地的寓言。

7 皮耶・高乃依（Pierre Corneille, 1606–1684），法國古典主義悲劇的奠基者，與莫里哀、拉辛並稱法國古典戲劇三傑。以西班牙民族英雄為藍本創作的《熙德》被認為是高乃依最成功的劇作。

8 讓・拉辛（Jean Racine, 1639–1699），法國劇作家。主要作品有《安德洛瑪克》、《費德爾》等書。

9 阿爾弗雷・德・維尼（Alfred Victor Vigny, 1797–1863），法國浪漫派詩人、小說家、劇作家。普魯斯特將他與波特萊爾並列，譽為十九世紀最偉大的詩人。

10 維克多・馬里・雨果（Victor Marie Hugo, 1802–1885），法國浪漫主義文學代表人物。主要作品有《巴黎聖母院》、《九三年》、《悲慘世界》等書。

播下真正的種子，而非沙粒。讓他們看達文西、米開朗基羅和拉斐爾的圖畫，讓他們在搖籃中聽著貝多芬入睡。

如何學習一種語言？透過偉大的作者，別無其他。透過最緊湊、豐富、深奧的句子，而非會話課本裡的蠢言蠢語。首先學習熟記，然後開啟這一切寶藏，這一切藏著三層祕密的寶石。我看不出孩子在成長過程中怎可能不懷抱讚嘆與崇敬之心；正因他會讚嘆崇敬，所以他是個孩子。而男子氣概的作用就是超越那種感覺，而理智則無盡地發展所有人類資源，起初只是預感到的資源。孩子對成年期抱著很大的想像；然而，這份期待本身也必須被超越。在孩童這個年紀，什麼樣的美好都不過分。

06

學習的開始

在我們所有的嘗試過程中，會出現兩項誤判。首先我們認為事情非常簡單；然後，經過初次的嘗試，我們又判定它完全行不通。扯鈴這種遊戲已被遺忘，但拉過扯鈴的人都知道何謂荒謬可笑且毫無希望的嘗試。對於小提琴、鋼琴、拉丁文、英文，又該怎麼說呢？

觀看已遙遙領先的人們演出，一開始加強了我們的勇氣，但這勇氣幾乎立即又被一種壓得人喘不過氣的比較摧毀。這就是為什麼好奇心、最初的衝勁、起步時的雄心壯志，在導師的眼中並不能保證什麼。他太清楚了：這些儲糧會被急速吞噬。他甚至期盼失望與挫折和初步的野心成正比，因為一開始的所有事物，無論好壞，都必須被埋藏遺忘；這時，學習工作才能開始。也因此，如果沒有老師指導，一切嘗試會在工作剛要展開之時結束。

工作有各種驚人的要求，我們的了解永遠不夠。它完全不能忍受有才智的人考慮遙遠虛無的目標；它要求的是全神貫注。割草的人不眺望田野的盡頭。

學校是一個令人敬佩的地方。但願它絲毫不被外部的紛擾侵入。我喜歡那些光裸的牆，一點也不贊成在上面掛東西提供觀賞，就算是美麗的事物也不好。因為，注意力應該集中在課業上。無論孩子正在閱讀、寫字，還是計算，這項特別被撥出的行動是屬於他的小世界，應已足夠。而在那四周，那種無趣，那片沒有起伏的空白，宛如說服力十足的一堂課。因為，小男孩，對你來說只有一件事情重要，那就是你正在做的事。你做得好或不好，等一下才會知道；但現在，做就對了。

這樣修道院似的簡樸從未因為它真正的好而被認可，儘管事實上，身在其中有種幸福的渺小感。「噢，孤獨，噢，貧窮！」所有會強說愁的都是詩人。我聽人講過一個故事：有一個頗具天分的孩子，他的鋼琴老師花許多時間跟他談論傳記，流派和各式體裁；這麼做或許能訓練他大致正確地談論貝多芬，卻絲毫不能教會他彈奏貝多芬的作品。話說，大致正確的討論並不難，難的是演奏。總之，對世界上任何一個小學生而言，進步並非來自於他所聽見的，亦非他所看見的，僅能來自於他動手去做的。

而這嚴格的方法，非常有效地縮短了看世界的距離，正是進入世界的門票。因為就算打聽到一切資訊，我們仍永遠一無所知，只能透過傳達命令和抄寫電報得知政策，別無他法。我甚至想說：任何工作都一樣，好好完成的渴望大概會率先被耗損，而這份渴望適用於每種行業，小學生這一行也不例外。因為渴望的目標太遠大，在摻雜下一個行動的同時，當下的行動已遭到破壞。苦練再久的鋼琴家，野心有多大，失望總也有多大。於是他收斂心神專注用功，將一切寄託在上面。一切偉大始於此。

透過這個想法，我想說明的是：堅忍即是要做到不怕驗證；而考驗一詞，以其整體意義而言，所指的就是這一點。同樣地，缺乏耐性者的說辭永遠是那一套：他們什麼也記不住，沒有進步，一切都困難。這種性格不可小覷，我從中看出一種嚴肅，一種對自我的認真，追求完美的高貴理念，但談論這些美德言之過早。必須克服這種自尊造成的膽怯。這時，雄心的範圍涵蓋隨手可得的行動，例如調整作息時間。而藉著這樣不值一提的自我督促，思想得以解脫，無須懷疑。這項鍛鍊意志力的藝術不會流失，但我不認為能在中學之後獲得，而柏拉圖所說的大器晚成者，則永遠不會擁有。

07

學校的人性

「學校是什麼？」教育者常說，「不就是一個更大的家庭，用以代替母親嗎？就算不太敢期望成功，它至少努力接近這個目標。幼年時期，正常的家庭教育需具備兩項條件：一，母親要有閒暇教導孩子；二，她要有能力教導孩子。在滿足這些條件之前，我們這些教育者收到孩子父母親的委託，必須疼愛五十個娃娃，視如己出。這座機構有其人造、抽象、雜亂無章的部分，但隨著經濟學及社會學的改進，未來想必都會消失。」

他試圖像這樣縫合新舊理念。但老社會學家搖搖頭，眼鏡片背後射出閃光。「我們該做的是觀察，」他說，「別動手建造。我不相信各位的學校裡有那麼多的人造成分和雜亂無章，我也不太喜歡大家去追究一座機構與另一座機構有何相像之處。我寧願認為學校是一項自然產物，至少跟家庭一樣自然，而且十分不同；學校自身發展得愈完美，與家庭的差距就愈大。一切都順著同一條線發展，我很清楚你的意思；但這種學校人性，在我看來，另有安排，別有條理。只要附近好幾家鄰居合作，孩子們就會自動依年齡分組玩遊戲。當然，依家庭分組，自家兄弟姊妹一組，這種權力與義務的自然分配是一種美好，無可替代。這是情感學校，關鍵是忠誠、信任、敬佩；男孩們模仿父親，女孩們模仿母親，人人身兼保護者與被保護者，既受尊敬亦懷有敬意。但為何要模仿那模仿不來的人？同齡孩子聚在一起，學習相同的事物，這亦是一個自然的社會，與我們的完全不同。相反地，完全是另一種；而之所以是另一種，乃因其結構並非我的發想。你為何要把上學這件事想成不如擁有雙手、一只音感強的耳朵和一雙對景深和色彩敏銳的眼睛那般自然？」

教育者早已放棄陳腔濫調，抓住這個想法深入思量；因為這樣設定出來的目的是他熟悉的，而且就某種程度來說，多年以來，始終在他的眼前手前。但是，其他人則專橫強勢，在談話中加入整體精神的思維，凸顯差距。教育者再次搖頭，彷彿從旁觀望似的，他說：「相反地，學校與家庭互相襯托，而正是這樣的對照喚醒了孩子，擺脫生物性的昏睡和那種困住他的家庭本能。在這裡，年長年幼平等，生物關聯十分薄弱，甚至被抹除。兩個雙胞胎，兩個同齡的表兄弟，在這裡會被分開，並且立即根據其他相似之處分組。孩子或許因為上課鐘響和鐵石心腸的教師而不再深陷溺愛之中。因為這位教師必須鐵石心腸。是的，溫柔和善的心意，在此不再算數，他必須無動於衷。他必須如此，也確實做到了。這裡可出現真實與正確的事物，但以年齡來評估。學校抹除生存之幸福感；一切首先都是外在的，而且奇怪陌生。人性即表現在這規矩的語言，歌聲曲調，這些練習，甚至這些儀式的錯誤當中，絲毫無關乎用心。這其中流露出些許冷漠，思緒斜眼睨視，投入無敵的耐性。目光衡量算計，而非期盼或恐懼。時間拉出格局，有了價值。儀式工作露出冷酷的一面，對辛苦甚至愉悅都無動於衷。」

08

遊戲式的思考

家庭教得不好，甚至養得也不好。血緣家族發展許多無可模仿的親情，卻沒有好好規範調整。因為人們信任家庭，於是每個人都全心專橫霸占。這聽來野蠻：一份完全的信賴，沒有任何自由空間。什麼都能強求，但同時什麼也都成為義務。當一家人如植物一般自給自足，不靠朋友、合作夥伴或路人的好臉色，即產生一種絕對無可匹敵的幻想，那是一種讚許與責備同時存在的瘋狂。絕對不許分裂，因為大家太希望一致和諧。這種純粹生物關聯的存在模式，最明顯的特徵在於年齡差距，且因此階級之別無處不在。兄弟爭吵令人驚異，但應該想想：兄弟之中總有一個大一個小，重點是家族共同體，而非平等。身體願意略略遷就，但精神開始反抗，得到天性的懲罰。這造成一些悲劇，而且已可能發生在七歲小人兒身上。大家必須同意，從一位父親或母親的角度來看，無論多小的想法都不公平；必須同意，這樣很好，而且也只能這樣。

我覺得宗教團體詮釋了這種對立，但模糊抽象，也就是說，僅簡單否定。家人關係對靈魂之救贖造成障礙，這種想法即使未多加推演，仍十分強烈。我們必須了解，基督精神在過去是一種思想自由的精神，現在還是，未來始終也會是。而在生物學機構之前，個人救贖這則教義永遠能引發軒然大波。反過來說，糧食課稅與滋養漿果的訴求在聖靈之前亦永遠被視為恥辱。於是有了這樣的區分，《波利耶克特》（*Polyeucte*）[11]劇中已大書特書。

需求使然，對手必模仿其對手。天真的教會是一個靈性大家庭，重建家庭的模樣。我們在神祕的晚宴中所看到的，既是對平民人家餐桌的否定亦是模仿；因此有了強制尊敬與信仰的規定，而走出童年也成為難以克服的難關。這些社會組織必須被當成生理學來研究，因為生物學無論如何都支撐著我們，且進而永遠地掌管著我們。多少大人是教義的孩子，就像那些在祖先面前還是小孩的父親一樣！永恆天父之隱喻正如這些生命的運作，遠遠超越我們貧瘠的思想，經常宣告，並一直規範著他們。

現在，若要尋求折衷辦法，必將在學校找到。從未上過學的人對自己的思想一無所知。這正是另一種社會組織，以及一個自然主義者的崇高目標，但人們卻不屑一顧。這個社會透過所有同齡者的遊戲成形，在這遊戲中，他們必然互相追尋。孩子們自然聚集，儘管彼此陌生，卻一起來到他們的遊戲共和國，到交流熱絡的社群，而非家庭式的社會。但是這另一種社群，根本沒有真正的工業，或許也沒有絲毫真實的親情，而且有一段時間還逃脫了需求及最艱辛的急迫，該如何嘗試對它進行確切的分析？在此，頭腦的運作模式依然不會導致任何悲劇，而遊戲本身會自然牽引出遊戲式的思考，選擇並限制問題，否認一切後果。很清楚地，孩子不會因為算錯一題數學就毀了一輩子。這裡有犯錯的空間，黑板會擦乾淨，錯誤不留痕跡。於是心智染上輕忽的氣息。單獨來說這完全不是好事，但卻是最根本的長處，一如體操中跌倒摔不死的能力。這是新現象，我們僅稍稍瞥見一個社會組織的成果；而在這個社群中，有那麼一小段時刻，所有人的思想皆自由，且能自我評判。

11 劇作家高乃依的悲劇名作。

09

老師的冷淡

人人都知道，當父母想插手教自己的孩子，成效通常頗差。有一位好父親，同時也是一位很好的小提琴家，我曾見過他幾次可笑地勃然大怒，最後還是把兒子交給某個情感沒那麼充沛的老師。愛沒有耐心。也許他期望太高；也許任何一點點疏忽在他看來都是一種侮辱。這種情感，常被援用來解釋錯誤並原諒錯誤，而若用於判斷老師的報告，卻變得比自己教導時異常嚴格許多。不過我也不訝異有人對親人如此嚴厲，他不也如此奇怪地嚴以律已？一個大人能容易地原諒他人的笨拙，但想起自己做過的蠢事，十年後還會臉紅。同樣地，兒子的無知令他臉紅，彷彿那是自己的無知。他失去了所有分寸，而事情並未因而改善。

亞里斯多德曾說，情感很快即成暴君。這事必須兩邊都看。那位父親想像，若是碰上年輕人的無聊膚淺，兒子一定一點也不喜歡。但他的孩子呢，他懂的事得比父親想強迫他懂的少。他試過情感的各種示意信號，假如沒有一種成功，他現在必然陷入絕望。家庭深受一種反抗精神和熱情危機困擾，而學校立即就能消除。我見過一名孩童被拖去上學，大吼大叫，而校門才一關上，他就閉上了嘴。機構的力量使然，他感覺到自己是學生。這是因為有一股冷漠，來自老師的職業訓練，如某種天候環境，迅速產生強烈的作用。

情感是珍貴的事物。但是，別期待它無法提供的幫助。暴君認為威廉．泰爾一定會為兒子顫抖。[12]而授業解惑者正如一名弓箭手，不該太關注目標是什麼。對我而言，好老師要夠冷淡，而且刻意如此，訓練自己如此。一名父親可以這樣告訴兒子：「要讓我高興就這麼做」，不過前提是做的事非關集中注意力、檢查與理解；因為很奇怪地，過度明顯的意志力、激昂、熱烈，總之所有類似激情的一切，皆與智力訓練不相容。無論為了哪種原因，一旦有個人強烈撼動你，你就難以用思想控制他。首先必須祭出情感這一招。

另一方面，老師絕不該說：「要讓我高興就這麼做或那麼做。」這是僭越父母的地位。而孩子在這一點上極度靦腆，經常覺得一切親情試煉有如各種不公平

12 編註：威廉．泰爾（Guillaume Tell）為瑞士傳說中的英雄人物。相傳他未向暴君豎立的權力標誌敬禮，而被處罰必須射中放在兒子頭頂上的蘋果，才會放過他們。

的阻撓。強調親情這件事本身即令根本得不到的人們厭惡。因此，除了父親以外的任何人，若表現出父子般的情感，很容易顯得可笑。每種社會關係終究皆有其影響，父親應表現得像個父親，老師像個老師。這一點，有些人過於拘泥：父親擔心過度溺愛，老師拚命練習疼愛。我認為這些顧慮會破壞一切。每個人應該各司其職，差異中應產生和諧。在需要時，親情的力量在於什麼都原諒。相反的，權威欲猜測想法和掀動情感時，只可能軟弱，因為它假裝有愛，面目可憎，而如果它真心疼愛，那就失去了權勢。這是我的觀察，而其實所有學過這行的都知道，一旦孩子發現自己有能力用懶惰或輕浮讓老師傷心難過，他立刻就會濫用。就我所知，一旦表現出善意好心，混亂將迅速接踵而來。畢竟學校根本不是一個大家庭。學校裡彰顯的是公正，不在乎愛不愛，沒有什麼要原諒，因為從來未曾真的被觸犯。當老師開口責備，其力道來自於事後不必回想，而孩子已經知道得非常清楚。因此，懲罰不會反落在處罰者身上，不像父親在處罰兒子時也懲罰了自己。

10

教導自己的孩子

蘇格拉底早已發現，一名父親無論多麼卓越，也不懂得如何好好教導自己的孩子。我曾在一位受過非常良好教育的老祖母身上看到例子。她始終無法教會孫女算術和拼字。這樣的弔詭十分惱人，因為父母總自動認為老師缺乏熱忱，而當他們從自身實例印證，便大感驚訝，這才得知熱誠不足以成事；我說何止如此，依我說，熱誠正是壞事的元凶。

教學也就是一份專業，這大家都清楚。但我也不太信任各種方法手段。再者，我見過一些老師，他們是內行專家，但小提琴也好，拉丁文也好，施展在自己孩子身上的成果卻很糟。這一行的阻力根本不在我們探找之處，其實藏在更深層的地方。有個拿鐘點費的老師，準時上課也準時下課，因為他還有別的課要上。於是出現一種沒有彈性且奇怪的規定。孩子被照料得好不好，大家根本不去想。若沒有重大理由，不會有人開除一名按時出現的老師。於是上課顯得像一種必要之事。這正是重要的一點，因為只要孩子有任何虛度時光的希望，就絕對不會死心認真並集中注意力。人人都知道，一個想當教師的父親並非正格的鐘點奴隸，所以孩子絲毫沒有心理準備。他根本沒被絕對不講道理的規矩制住，絲毫沒有養成即刻進入狀態對工作全力以赴的珍貴習慣。然而，所有課程中最主要的，而且重要性遠遠超出其他科目的，是面對必要之事不可耍詐。學到「必須」這短短兩字的人，已經懂得許多。

還有另一種結果。課堂進行順利，做父親的很高興，於是延長時間。超過固定時間後撐起注意力，這又是一項大錯。監督跑步選手訓練作息的人都知道，永遠不該對讓人不覺得疲勞的亢奮妥協。家教老師也許沒那麼守規矩，但幸虧有外在需求提醒他，鐘聲響了他就會站起來。無論什麼年紀，沒有比一項完全用不到樂趣的工作更好。闔上書本，去忙別的事，這時，閱讀的內容才會自發性地響起，透過某種不注意的狀態熟成。對孩子來說這樣更真實。

再補充一下：那位父親要求嚴格，很快就失去耐性，理由充分，因為他期望很高，過度信賴另外那個自己，但年紀和經驗根本不到程度。最糟的是，他依賴情感，到了一點小錯都視為悲劇的地步。那孩子，露出他那個年紀的輕浮，立刻被懷疑不愛他的爸爸。因此，對他稍微嚴厲些，在他看來都是恐怖的不公平。他自己也加入這場遊戲，自知被愛，想獲得原諒。這些小內心戲後面接著和解場面；這些混雜了溫柔與惱恨的訊息，對他來說比文法有趣得多。所以真誠而深刻的情感有其可疑之處，不屬於自己的勝利就都不算數。想被愛，又不表現出值得被愛的樣子；凡類似交易或補償的一切皆被深深鄙棄。這就是為什麼所有真實感受中都有撒嬌的成分，試探讓人討厭到什麼程度才會被處罰。而由於對兩人來說，相較於父子感情，拼字根本不算什麼，這種甘美的想法毫不遲疑，一併淹沒了文法、歷史和算術。

11 自然的本性

跟我同一個奶媽的兄弟是一個沉默的男孩，頭腦聰明，而根據我所知道的，也很討人喜愛。跟他在一起，我從不覺得無聊。我們兩人用麵粉捏了小船，還一起養蠶。在我的記憶中，他在遊戲的時候從未對我不公平，差別待遇，區分彼此。當他還跟我一起接受我父母的管轄時，他大而化之，愛冒險，莽莽撞撞，就像一個正常孩子的模樣，跟我比起來半斤八兩；不過他很服從，有禮貌，面對權勢表現得體，跟我一樣。

我們在他家裡的時候，等於改朝換代，事情起了變化，只見一幕幕暴力場景與可怕的處罰。我還記得他父親為了讓那孩子對祖母道早安，一個一個地摔壞二十幾個小錫兵，而他死也不肯說。在這場私人戰爭裡，我是圈外人，只是被這一幕深深驚嚇，因為那些小錫兵的關係。而一旦我們又單獨在一起，小人兒身上絲毫不見情緒殘留，我們繼續玩我們的遊戲。然而一旦權勢者現身，不管是祖父、祖母或父親，我必須直言：他們遭到粗暴的對待。頑劣的孩子立即展開攻擊，依循戰爭的法則，公然做出禁止的行為，朝窗戶扔石頭，講出跟我在一起時從來沒用過的髒話。最後他被綁在一扇窗邊，暴露在路人的目光下，頭上戴著受罰驢帽，或脖子上套著一面告示，寫著「說謊」、「壞孩子」、「沒良心的傢伙」，或諸如此類的話。

這場戰爭是怎麼開始的，我不知道，但現在我明白持續爭吵的動力源自爭吵本身。做父親的夢想要得到矯正兒子的辦法，認為必須把他教得堂堂正正，絕不心軟。而做兒子的只想贏得勝利，不惜表現出父母心目中不服管教、撒謊、粗魯的樣子。這些鬧劇後來都被淡忘，頑劣的孩子變成一個跟其他人一樣的大人。

從那時起，從小孩和大人身上皆然，我經常得到印證：人的天性很容易依據他人的評價調整捏塑，宛如演戲時的接腔答話。但或許亦因為以下這個更深層的理由，那就是人有一種權利，可以對你認為在說謊的人說謊，去打被你歸為粗暴無禮的人，以此類推。反向檢測的結果通常也成立：人們絕不會去打把雙手收在口袋的人，也不喜歡欺瞞誠實可靠的人。我從中汲取教訓，得知絕不該急著判斷一個人的性格，像是宣告某人永遠是笨蛋而另一人一輩子是懶惰鬼。在一個苦役犯身上標記號，就等於給了他撒野的權利。在所有罪愆深處，想必有某種人們相信的天譴；而在人際關係之間，這可以牽涉到很遠。評判需要這份譴責證明，而證明則鞏固評判。我盡量做到絕對不高聲評論，甚至連低聲也不，因為眼神和態度總是洩漏太多。好與壞經常源自相同的初衷，我期待雨過天青；而在這方面，我鮮少出錯，所有人都很富有。

儘管如此，我依然堅信，每個個體皆依據其自然本性出生、度日和死亡；好比鱷魚即是鱷魚，一輩子不會變。但這本性屬於生命的範疇，遠遠超乎我們所能判斷。那是一片情緒基底，如同一段生命時期，不會僅將自身封閉在好與壞之中，也不限於善與惡之中，反而較像是一種無法模仿，獨一無二的存在，或直率或狡猾，或殘酷或慈悲，或貪婪或慷慨。請注意，在一場相遇中，一個人勇敢而另一個膽怯，他們之間的差異，其實比兩人都是英雄或兩人都是膽小鬼少得多。

12

孩子的野蠻狀態

社會學家研究野人的風俗，驚愕得目瞪口呆。他們研究的不正是孩童的習性嗎？人們對這個族群所知有限。每個人都想依據在家庭中觀察到的模樣來評斷孩子，這是錯誤的方法；一位社會學者，依其個人的前例，更應當避免這麼做。在家裡，孩子與其他同類並無牽連，他被困在兄姊與弟妹之間，被體內各種打不倒的感受驅動。只有到了學校，他才能找到同類和對等的人。在學校裡，他像另一個人，有時更好，有時較差，說起來總之不一樣。這件事幾乎所有老師都忽略了。他們仰賴感受，而感受必然十分微弱。老師完全不是一個宣告指派的父親。的確，被隔離開來的孩子在完全不認識的人面前通常有禮貌，但若聚集一批同年齡的孩子，在這群小孩中，強烈的感受來自模仿與傳染。若你認為這群集體，在反應、意見、熱情等方面，會與其每位構成分子相似，那你將錯上加錯，嘗到被五十張面孔連續羞辱的滋味。

這個孩童族群有能力去愛人和尊敬人，但最早完全不是出自思考，而是所有人賦予每個人的力量；而這些集體感受刻劃得那麼深刻，以至於即使單獨一人，也會留下些什麼。只是這群人首先必須有秩序，依循安靜及注意力的引導。安靜跟笑一樣具有傳染力。但如果這個兒童社會一開始的配置不佳，一切就都完了，而且通常無藥可救。笑聲將動搖那些最乖最安靜的孩子。因此他們全都覺得自己位於某種像大海般的盲目環境，是其中的一分子。他們立即感到這股集體力量難以抗拒。禮貌這種家庭習慣，在這裡不再站得住腳。孩子處於野蠻狀態。這樣的狀況消磨了好幾位可敬、熱忱、和藹的好人，使他們徒留失望。

在這樣的困境中，能啟發老師的第一種念頭即是：這些混亂沒有絲毫惡意，甚至連個想法也沒有。那是自然效應，是人數造成的結果。如果順著這個念頭去想，會被導向一種諒解寬恕的做法，以及一種嚴厲的做法。因為，在此，重點根本不在於衡量或評判，而是要去阻止。如果老師因而身體力行，直接反對混亂的秩序，他很快就能贏得勝利。我這麼說的意思並非要他去動手打架，再說他也不是最強壯的；但他可祭出一些這個騷動年紀特別敏感的懲罰，而這些絕對足夠，只要施行起來堅定不屈，形同自然的威權。

在我自己還是孩子的時候，我觀察到那些用類似清掃門戶、整理雜物的方式，堅決維持秩序的人，立即令人生畏，因為他的冷酷奪走了一切希望。而無一例外地，那些想勸導、傾聽、討論，最後取得承諾於是選擇原諒的，則被輕視，飽嘗噓聲，而且說來悲哀，落得被痛恨的下場。反之，另外那一派，鐵血無情的人，最終得到愛戴。

做父親的處境則完全是另一回事。一方面，他愛自己的孩子，孩子也知道。孩子有一種不容小覷的手段，強迫父親處罰自己，藉此懲罰父親。然而孩子也愛他，尤其是沒有其他同齡小孩，單獨面對父親之時；而全家人，無論輩分，一起扮演調節及見證的角色。值得注意的是，這份父權完全沒有教導能力，這一點不言自明。一方面，拼字錯誤被當成一種傷感情的冒犯，但反過來看，所有真心付出的舉動都能抹除那個拼字錯誤。在學校那樣另一種社會中，情感完全不算數。一方面一切都會被原諒，另一方面，什麼都不被饒恕。別在這裡表現慈愛，也別對愛抱持任何期望。在這個社會中必須建立起的秩序不該與家庭秩序有任何相似，但必須持續描述這些鮮為人知的習性。為何至今沒有任何社會學者認真思考這件事？

13

孩童族與父母族

在吉卜林（Rudyard Kipling）[13]的書中，大象拉扯繩索，拔掉小木樁，回應深夜裡的呼喚；奔向象群的舞蹈，那是人類從未見過的儀式。然後，這頭人類忠實的朋友又回到木樁堆中。同樣地，遠離族群的孩子站在緊閉的窗後，聽著其他孩子的呼喚。孩子與家庭的關係堅固，但與孩童族群的關係卻也同樣渾然天成。一方面，在找不到平輩或同類的家庭裡，他在孩子群中比較不會格格不入。這就是為什麼一旦能扯斷繩索，他就奔向遊戲，那等同於孩童族群的儀式與崇拜。所以，他滿載幸福地模仿同類，從他們的動作中察覺自己動作的模樣。

在家裡，孩子根本不是他自己，他到處借鏡，模仿完全不是他這個年紀的樣子，於是生出一股煩躁，而人們對此認知不清。在家裡，孩子宛如外人，因為他既感受不到別人給他的情感，也感受不到自己表達出的情感。人們想加諸於某些孩子身上的「故意使壞」這種說法，想必只是無法扯斷繩索去加入孩童族群所造成的不耐煩。這個族群既是無神論者又是虔誠信徒，遊戲中有教規有祈禱，但沒有任何外在的神明。這個族群就是自己的神，崇拜自己的儀式，其他一律不愛：他們是一群宗教少年。當觀眾的時候，褻瀆者丟人現眼，而若發生在參賽者身上，後果更加嚴重。虛偽的人欺騙不了有信仰的人。這之中衍生出種種難以理解的情緒活動。我還記得一位行事莽撞的父親，他想跟我們的孩子群玩小錫兵。我清楚地看出他什麼都不懂，他的兒子發起脾氣，推倒了所有東西。大人們永遠不該跟小孩一起玩。在我看來，最聰明遊戲是他們當成一群陌生人，以禮貌與保守的態度相待。當一個孩子常與其他同齡的孩子隔離，他只有在一個人的時候才玩得高興。

所以學校這樣東西是天然的。孩童族群在那裡自成單位，而學習則又是一項儀式。但是，老師必須扮演陌生人，保持距離；一旦他靠攏接近，想當小孩，就會引起公憤，彷彿祕密社群被一名褻瀆者闖入。孩童族有由自己的神聖法則，只有其族人能受惠。遊戲同儕之間的強烈關聯直到長大成人後仍維繫著，並讓他與

13 魯德亞德．吉卜林（Rudyard Kipling, 1865–1936），生於印度孟買，著名英國詩人、小說家，一九〇七年諾貝爾文學獎得主。著有《叢林之書》、《原來如此故事集》等書。

一個二十年沒見的男人能立刻變成一定程度的朋友。孩童族像這樣長大，成為大人族，與他們的兄姊形同陌路，與他們的弟妹形同陌路。與兄長的對話總有些困難，和父親對話簡直不可能；跟一個與自己不同齡的陌生人對話比較自然，跟一個教寫字或科學或文學的老師對話比較自然，因為老師會感受並維持差異，而不像兄長或父親那樣想接近、了解，卻因為沒成功就立刻惱羞成怒。於是老師成為父母族和孩童族之間的使節與協調者。

14

孩子的議會

孩童族將自我改革，再次掌管他們的十個月議會。

家庭在這段假期中，已經窮盡思考能力，然進展有限。因為透過慈愛的親情交流，每個成員都以自我為中心，施展奴役的權力，情緒浮濫，不顧後果，以致晚輩當道，麻煩不斷。孩子完全置身事外，在障礙中隨機應變，飽受眾人的一致譴責折騰。但現在他將回去處理自己的事務，在他的議會裡找回自己的想法。學校適合兒童的思想發展，這麼說實在尚不足以形容，因為他很可能只在學校裡才有想法；而我們後來的智慧，只不過是這段美好時光的回憶。

經驗絲毫起不了傳授作用，甚至連依循最嚴格的方法來主導它也沒輒。然而，究竟有誰曾經這樣質問天性？或許某位教師，自己也被孩童族集會拉回了童年，那種集會比正統學院的集會更強大。老人一身是病，脾氣暴躁，他們的陰謀、奉承與優勢令人很快就忘記健全的經驗和誠實的數據。對集體而言，取而代之的是人類經驗。在那樣的人類經驗裡，沒有任何事按道理成功，錯誤經常被懲處，而其他時候則罰得過重；在那樣的經驗裡，時間過得迂迴拖拉，因為必須跟著財富收入走，如果靠吹長笛過活就得遺憾放棄小提琴。壓在每個大人身上的人性無常太沉重。際遇可成就事業，行動跑得比思想快。

孩童族存在於這隨波逐流的浪潮之外。小大人揹著書，穿越在街頭上演的事件，去遭遇根據他的期待、版本或問題所量身打造的各種事件。而課程並非一件簡單小事，因為必須照著它的進度走。然而，從來沒有一個在世且已完成學業的大人能夠按照課程，從簡單開始，根據難度克服一個個問題。成功之神把書本顛倒過來，不給我們時間讀完章節，甚至一個句子。但在學校裡眾生平等，這珍貴的環境調整著步伐，讓菁英再次看見他已經知道的，得以從驚訝狀態恢復痊癒。所有學生都得到驚人的安全感，憑藉的是這項絲毫沒有可疑之處的支援，以及這樣依據每個人的能力，揉合信念與勸服的隨時保證。在老師的協助下，透過實證與公眾議論的結合，對於再小的事物，一首維吉爾（Virgile）[14]的詩或一道算術題都能建立起真確的看法。路上經過一群小學生，看他們邊上學邊討論某個動詞分詞或比較某個單位重量，真是一種美好的感覺。每個人抽一份考卷來改，經常出現沒把握的學生去矯正自信十足的權威；而所謂權威也都是孩子，沒有人擺架子也沒有人戴尖帽子受罰。這樣幸福的心智狀態，永遠不會再重現；就算是兩名教授一起，也不可能有這麼大的善意，也不會如此純粹地尊重正確的價值觀。

孩童族打造各種觀念，結果被大人族拿來糟蹋。由於操之過急，無預警狀況，還有控制不住的脾氣，大人經常箝制打壓這些想法，經常用剪鐵刀扭曲，但鐵剪的力道卻很弱。而這些被扭曲的觀念有時候其實很美，帶有戰鬥的痕跡及整體思想的脈絡。這就是為什麼，就連教科書的背面都算是仔細觀讀最好的物品之一：用於記憶與提醒。

14 普布利烏斯・維吉利烏斯・馬羅（Publius Vergilius Maro, 70 B.C–19 B.C.），古羅馬詩人，有《牧歌集》、《農事詩》、史詩《埃涅阿斯紀》三部偉大的作品流傳於世。

15

與孩子匹配的力量

孩子們的那種恐慌與沉淪促使我去思考：學校這個專屬孩子的社會，必須且確實與大自然所有區隔。學校要有園地，也就是說一片經由大人設計過的、整理過的、畫好界限的自然區塊。於是，所有活動的目的都是為了學業與遊戲，沒有任何關於生產或防衛的實際煩惱。這樣的環境根據孩子的天性來調整，而他們天生對激動的情緒全然沒有抵抗力。孩子的失望之情總是一下子就全面失控，如果這時沒有一股來自長輩的力量，比方說母親或乳母來扶他一把，讓他從對這個年紀來說還太嚴苛厲的冷漠世界中站起，將他重新裹入剛脫離不久的人性襁褓中——那裡散發著對小人兒的溫暖與慈愛，而慈愛是淚水與睡眠最強大的解藥——他將開始抽搐發狂。

從一個抱在懷中的孩子身上，可掌握尚不知如何生活的童年與保留了童年的成年之間的準確比重。正如處處可見的，在工作中，乃至在城市裡盲目奔波中，快樂的孩子或昏昏欲睡的孩子被交通工具載著，乘著車在這擁抱般的姿態裡，與在搖籃中一樣，安安靜靜。孩子這番乖巧的表現騙了我們：乖巧是因為我們，而不是他自身。

學校裡的孩童族看起來賞心悅目。在這個地方，孩子找到與自己匹配的力量。但是仔細觀察，你將發現那裡有各種防禦措施與屏障，抵擋所有外在威脅。孩子玩搭船搭車的遊戲，但缺少滔滔流水、馬匹和蜿蜒的道路。一旦孩子與某種真實的力量扯上關係，當那是山羊拉的車，一切就必須事先做好調整測量，讓山羊、車子和孩子都在乳母及保母等長輩主導的範圍裡。即使縮減尺寸，他們也不會構思一列真正的街車讓孩童們拿來玩遊戲，扮演駕駛員、車掌和乘客。機械的力量盲目且無人性，一點也不適合當成遊戲；或者，機械玩具的尺寸必須足以讓小小的腳兒能一腳踢翻。

在自然狀態下，人類共同的生活環境中，孩童出於恐懼的激動情緒，而且也許是所有激動情緒的隱藏動力，成了一頭怪獸。一群孩童聚集，意謂著需要一個平坦的場地，沒有祕密也沒有陷阱，那裡所進行的一切都只是遊戲。一旦出現危險威脅，群聚的孩子們就會被分散，由一批更可靠的人來緊密監管，絕對不用恐懼來制服恐懼。掌控環境的天性與被控制的自然之間這精確的比例，來自於那許多冒著日常危險去默東（Meudon）[15]旅行一趟的家庭。此外也別忘了，家裡的孩子們並非全都一樣歲數，年紀大的扮演保護者的角色，理智與勇氣自然更雄厚進步。學校則相反，聚集同年齡的孩子，只要處於專屬學校的環境，一片祥和寧靜；不過一旦稍微出現非人類因素的損害，就是恐怖的慌亂。因此，有一所高等學院，很審慎地進行了防災演習，只聽一聲令下：「失火了」，大家便冷靜逃生。這麼一來，老師平日的權威，亦即信任的來源，被大火這種非人類力量取代，尤其被恐懼這非人類力量中的王后所取代。從這裡，大家也許會發現學校是某種特定類型的社會，與家庭明顯有別，也與大人社會明顯區隔，並且有其自身的環境與組織，同樣還有其崇拜及專屬的激動情緒，是社會學者的好題材。

15　一八四二年，連結巴黎蒙帕納斯和凡爾賽的鐵路在默東發生事故，造成五十五人死亡。

16

教導以便了解孩子

心理學家的討論順流而下，宛如一條小河。「只有實驗，」他說，「能教導我們。如果未曾先從專業中學到改變自然現象的技藝，在自己身上產生決定性的變化，並評估其效果，觀察並不能帶領我們進展多遠。物理學家是什麼？化學家又是什麼？不就是一個把物品當成問題研究的人？他把那樣東西打斷，製成粉狀，置於低溫寒冷和高溫炎熱的環境之下。若沒有他無數次的測試，我們恐怕永遠也捉摸不到隱藏難見的定理。同時，也只有當我們把人置於設計好的實驗環境中時，心理學才能提升到科學的地位。在這方面，醫生已做了許多研究，可惜他們只重視瘋子的病例。教育者也應該將學童置於試驗與測驗的環境中，為了最後能教他們某些兒童專屬的正向優點。對於人類的這段天然時期，他們認識不多。若沒有這些教學法上的心力投注，他們的時間就浪費掉了。想教導兒童，就必須先了解他們。」如何反駁？明顯的事實即是美杜莎的頭[16]。

戴著眼鏡的社會學家卻有話要說：「倘若如你所言，人類的知識形成觸手可及，那麼人類的問題可就更加簡單得多，我為此歡喜慶幸。可惜實情並非如此。在所有古代民族中，我們看見各行各業都發展到驚人的完美程度；同時，工匠仍脫離不開荒謬無比的迷信。我們可以從中得出結論：雙手變化出的物品一點也沒有教化功能。而我請你將注意力放在另一個宇宙皆然的事實上。最早的科學，最早的自然法則觀念來源，無論在哪裡，皆是天文學。而天體恰是唯獨不在我們掌握中且非我們所能改變的物體。因此天文學家受到保護，阻擋這種不肯耐心凝視卻任意改變物體的冒失好奇心。而現在，你舉了那麼多實驗的例子，也只教導了謹慎且受天文學訓練的人，也就是曾長時間觀察的人。如果對於想獲得知識的人來說，太快伸手是危險的，對於心理學觀點，把目光聚焦在人類這項物體並著手改變，我們又該怎麼說？這些實驗立即為他們溫柔又脆弱的物體帶來不安，我的不信任遠不止於此。而你可真有趣，去觀察今日的兒童。憑著語言文字，他們在幾個月內就能學到幾個世紀的智慧。如今，這個族群的孩童席捲整個地球，處處有其宗廟與神明。」

他停頓下來，擦拭眼鏡。「現在」，他說，「我有另一件事要說，不是以社會學者，而是學校教師的身分發言，因為我曾研習這門行業。你說應該先了解兒童才能教導他們，但這根本不是真的。我反倒會說，為了了解他們應該先去教導他們。因為，他們真正的本性藉由研究語言、作者與科學逐漸發展。我要訓練他們唱歌，才知道他們有沒有音樂天分。」

16 佛洛依德在一九二二年以《美杜莎的頭》為題，寫了一篇短論文，於一九四〇年發表。他認為希臘神話中美杜莎帶著毛髮的頭顱象徵女性的陰道，而斷頭的美杜莎指的就是閹割。不相信已被閹割的男性看見女性生殖器官的瞬間，有如斷頭般恐懼。美杜莎的頭可以將人石化，指的就是那個受了驚嚇的時刻。同時，石化也意謂觀者的勃起，進而得知自己的陰莖還在，因此得到寬慰。而雅典娜將這顆頭顱刻入盾牌，用來嚇阻所有對性的慾望。

17

退後即是向前

教學應該要果斷地走在後面，但並非要退步。完全相反。正是為了邁向直達之路，所以要拉開距離。因為，如果從來不肯置身於已被超越的時刻，又如何超越它？獲取最即時的知識，即使對一個最強盛有力的成人來說，亦是一項瘋狂的野心計畫。他根本不會有衝勁，也不會有任何合理的希求。無論哪個領域，他只會看到不足之處；最後，我敢打賭，會陷入皮羅懷疑論式[17]的停滯，也就是說，什麼都明瞭，卻什麼都不敢肯定。相反地，奔向遠古時代之人卻能依照恰當的動作衝刺，深諳取勝之道，用這份經驗造就出堅強健壯的才智。

《聖經》宣告了許多，而且與其說是透過文字，不如說是透過心靈。因為我們不能原地不動，而且我們很清楚自己不會停留在那裡。這樣粗蠻且抽象的思想，險峻多岩，卻有其未來。既然已有那麼多人克服了古老的法則，人人都能允許自己去相信那法則；透過這種方式，讓更高境界這項承諾趨向成熟。要成為正經認真的基督徒，我們還缺少當異教徒或猶太人的經驗。誰一開始不是法利賽人（Pharisien）[18]？如何矯正自己不再當這樣的人？此外有多少人老了之後會成為法利賽人？那就是一道退步的台階。而這正是律法讓我們感受到的，因為律法永遠不夠，這一點很容易明白；但這種不甘心的想法並無法帶來任何成果。讓律法變得更好的是法學家，原因恰在於他懂法，而且因為他信法，並且堅持律法。一個想法之所以能推動另一個，仰賴的是充足而非不足。面對人類，維繫和平的法官透過學說本身的力量去思考，於是出現法律原則判例，比辯護律師的諷刺挖苦更有力，涉及的範圍更大。

孩子需要未來；該給他的並非大人最終鬆口那句話，反而是第一句。這一點古代的作者們做得非常令人讚嘆，我們應該召喚先知。他們會給你核心提示。在這方面，古代文學的好處在於必須聽從神諭，若要捫心自問，沒有任何方式比刻

17 源自古希臘懷疑派哲學家皮羅（Pyrrho of Elis, 365 B.C.–275 B.C.）的主張。他認為我們的感觀無法評斷真理或錯誤，應該保持「不做任何決定，懸擱判斷」。

18 「法利賽人」在《新約聖經》裡是帶貶意的用法，指墨守成規、嚴守律法而不知變通的人。

在德爾菲神廟的三角楣上的箴言[19]更好。在科學領域中正好相反，由於提綱日臻完美，我們經常甚至連阻礙也看不到了。一堂簡潔明瞭的機械課上，沒有任何停滯，人們提問：「這有什麼用？」而不是在心中自問：「這可以減輕我什麼負擔？」相反地，在笛卡兒的學說中，我們看得很清楚，因為他出了錯，又揪出自己的錯，與我們親近得多；但泰利斯（Thalès）[20]更好。在他之前，蘇格拉底已深諳這種將所有想法回歸到最初狀態的藝術。關於液體，用阿基米德的方式去思考；氣壓就用巴斯卡的理論；甚至殘留在他們思路中的困惑，還不足以稱之為我們的困惑，但與我們的十分接近。古人也有新意，而那往往是現代人所沒有的，因為他們所認為的真理根本還不及我們的錯誤。地球會轉，這個論點已經老掉牙，連宗教狂熱者也不再覺得有何困難。但他會因此變得比較不狂熱或更盲目嗎？這件事我無法定論。

19 即「認識你自己」。

20 泰利斯（Thalès, 約624 B.C.–546 B.C.）古希臘時期的哲學家和科學家。泰利斯試圖藉助經驗觀察和理性思維來解釋世界，是古希臘第一個提出「什麼是萬物本原」這個哲學問題的人。

18 懷疑是一種過程

知識分為好幾種。一名教師開始解釋天空中的事物時，首先描述外觀，然後用星辰的升起與落下來定義東方和西方。他常碰到的狀況是有個娃娃說：「不對，才不是太陽升起和落下，是地球在轉，爸爸是這麼告訴我的。」這類型的知識無可救藥，因為像這樣提早知道地球在轉的孩子，永遠不會對外觀付出足夠的注意力。而當人家跟他談論天體，為了描述外觀，不可能忽略周圍的輔助形態，這孩子卻會以為並非如此，然後白費力氣地去追尋哥白尼的行星排列次序，認為那才是觀看星星的該有方式。哥白尼提出的次序的確是外觀的真理，但我認為，在真正形成太陽系的觀念以前，應該連續觀察兩三年，並且依循各種外觀形貌。在確定有把握之前就先懷疑，這是一種過度普遍且無法治療的惡習。

大眾不擅長主動求知，因為在眾人的想像中，最後得知的真理就是他認可的那個。但真理不可能像這樣從一人的頭腦灌輸到另一人的腦袋裡；對從外觀出發，尚未得到真相的人來說，那毫無意義。多少人曾一面翻開報紙，一面心想：「來看看能量儲存法則是不是仍然正確無誤。」這是白費力氣的雄心，你不能遷就你所沒有的東西。首先必須懂得那個法則，用千百個例子來測試它，然後才有辦法構思第二個原則，也就是所謂的第二法則。它不破壞第一法則，而且若沒有第一法則它本身也毫無意義。而且必須兩者皆多次應用，才能進入懷疑其中一種的狀態。懷疑是一種過程，為了試煉它，首先必須感受到腳下有一股難以撼動的抵抗力。懷疑代表的是確信。

請注意思考笛卡兒，這位前所未見、最大膽的懷疑論者。我們或許可以說他並不如醉鬼、胡言亂語的狂人或多疑的瘋子，因為在那些可悲的頭腦前，世界時時崩解，外觀變化萬千，像一團混沌，要靠作夢才能讓人有點概念。然而，並沒有人願意說這些衰弱的腦袋處於懷疑狀態。而且他們能懷疑什麼？相反地，你知道笛卡兒在疑思之時，舒服地待在壁爐旁，比任何人都清醒，擺脫所有激動情緒，對這堅實的世界再放心不過。比較起來，我認為知名的龐加萊（Poincaré）[21]大可以去懷疑地球的運行，因為他先前已長期地努力思考過這個題目。但這並不代表先前那個孩子可以從長椅上起立，說：「地球在轉不見得正確，也許那只是一種說法。」從一個觀念到另一個觀念，這其中有階段步驟，而最後，在所有觀念之外，每副頭腦都該跟隨自己的進度，永遠費心去造就真理，但不任由好奇去接受真理。如果這份智慧能被更深入了解，幾乎所有人在面對愛因斯坦提出的各種弔詭時，都敢像我這樣說：「我還沒學到這個程度。」

21 編註：儒勒．昂利．龐加萊（Jules Henri Poincaré, 1854–1912），法國最偉大的數學家之一，對天體力學亦有諸多貢獻，被稱為混沌學之父。

19 這個必須學

我認為，交由孩子或家庭去選擇學哪個比較好，是件荒謬的事。荒謬的原因也在於人們控訴政府想強迫他們做這個做那個。沒有人該做什麼選擇，選擇早就決定好了。拿破崙，如果我記得沒錯的話，曾用兩個詞說明人人都該盡可能知道的事：幾何與拉丁文。讓我們擴大範圍，把拉丁文當成對偉大作品的研究，尤其要研究所有的人性詩作。於是，一切已道盡。

幾何學是自然的關鍵。完全沒有幾何頭腦的人永遠無法好好感知他所存活並依賴著的這個世界。他反而會依照當下一時的熱情去做夢，錯估對抗的力量，測量失準，盤算錯誤，遭致禍害並造成不幸。因此我一點也不贊成教授整個大自然的一切；不，應該是根據目標性質，按照清楚可見的需求，來調整頭腦，不應過多，也不應太少。對於幾何的必要性絲毫沒有概念的人，亦將缺乏外在必要性這個概念。整套物理學與整套自然史加在一起也無法給他任何東西。所以，不必多教科學，但要教好的科學，而且永遠提出最嚴謹的證明。幾何學之美在於它有證明步驟，而且所有證明中都含有明確且未變質的成分。所以，讓球體和稜柱來為我們上常識課。教誰？教所有人。若因為一個孩子學得很辛苦才終於明白，就認定他學不會幾何學，這是很可笑的事；也意謂著正好相反，應當耐心地引導他進入。泰利斯一點也不懂我們的幾何學，但對於他所知道的部分，他知道得很清楚。因此任何看到必要性的一眼皆是一道光，照亮一生。所以別再計時，別再評量適性與否，只要說：「這個必須學。」

詩是人類秩序的關鍵，而且正如我經常說的，是心靈的明鏡。不過不是幼稚的詩，那種故意押韻寫給孩子的詩；相反的，我指的是最高等級的詩，最受尊崇的詩。在這方面，人們經常會說孩子什麼也不懂。毫無疑問，起初他確實不會懂。但詩的力量即在於此，每次讀詩，一開始，在教導我們之前，詩先用聲音與節奏來掌握我們，依循一種普世皆準的人性模式。而這對孩子來說也很好，特別好。他該怎麼學說話？不就是根據他所聽見的這些嘰喳人聲，調整自己的動物天性？所以，設法讓他一絲不苟地背誦優美的碎語。像這樣，在調整自己熱情之同時，他進入了解所有熱情的狀態，立即昇華到感受層面，到達可以飽覽整幅人類風景的制高點。

幾何學與詩，足矣。前後兩項互相調節。不過兩者缺一不可。荷馬與泰利斯會牽手引領他。孩子具有成為大人的雄心，千萬不要欺騙他，更不要拿他所不懂的項目讓他選，要不然教義問答課可會讓我們臉紅。因為神學家傾囊教授所有的人，特別留意叛逆的靈魂。而且抱持著懷疑，為各式各樣的人施洗。至於我們這些教育工作者，是否要挑三揀四，拒絕為怕冷的或睡著的學生施洗呢？

20

教導的藝術

一個小大人，表現得頗有才幹的樣子，或僅僅只是對學業有特別明顯的興趣，立刻就會被帶離家鄉。每個人都用自己的方式盡力激勵他，他成為三姑六婆茶餘飯後的話題。在孩子面前，這樣的讚美意謂著他具有大人的優秀特質，也許日後會有所成就，同窗好友們也齊聲頌揚。我認識一些人，已年過六十，仍很驕傲自己曾經上過學堂，雖然與一個有名有望的人相比，他們很平庸。就像這樣，大家都在找尋天才，用他來嚼舌炒作。每個人都認識幾個這樣的拾遺者，都是些高貴人士，絕不看走眼，除非期望過高。總之不缺獎學金，倒缺拿獎學金的人。因此人們採集可能居高位的候選者，多得超出該有的人數。爬梳過後，什麼也不剩，沒有一個能被寄予成功厚望。這個問題已經解決了，根本沒有任何阻礙。我號召所有現在已經就位的農村子弟和勞工子弟，而且遠超出他們該有的地位。我也不想附和那些微弱的誇辭，誇獎那些被呼喚卻沒獲選的人。他們之中，我認識不少，一百個裡面看不出一個社會地位降級的；他們幾乎全都回到外省，悄悄地不出聲，但經常超越他們的小職位，還提供建議而變成更有用的人，發揮一株好酵母的作用。

剩下那些一點也沒受過教育的人。原因或在於他們不肯學習，或在於他們不能學習。這裡出現了真正的問題。以前曾有段時期，若小男孩想了一次或兩次還想不通三角形原理，他立刻就會被放棄。這個方針合理，如果官方只打算徵招管理人才的話；但若政權真的想要民智大開，那這就是個荒謬的方針。假如一個孩子沒有顯現出任何數學才能，那可是一則警訊：必須用更執著的態度並變通方法來教會他。如果他連最簡單的都不懂，以後能懂什麼？當然，最容易的做法就是主張這種現在還太常聽得到的草率判斷：「這個孩子不聰明。」可是根本不該這麼做。一切正好相反，這是對待人的重大錯誤：不運用自己所有的聰明，所有可以貢獻出的友愛及溫暖來融化這些結凍的部分，恢復其生命，反而直接將他歸為笨蛋，這是本質上的不公平。如果教導的藝術僅止於照亮天才，那真該對它嗤之以鼻，因為天才們在聽見第一次呼叫時就一躍起身，突破荊棘。然而那些處處努力不懈卻又處處碰壁的，那些喪失了勇氣並對自己的智力絕望的，該得到援助的是他們。

再怎麼大規模的評斷也不為過；而對我來說，如果我需要評斷一個大膽又剛猛的人，我會請他替一個小奴隸解開基礎的觀念謎團，就像蘇格拉底曾做過的那樣。我甚至懷疑天才在對自己說話時，比人們所想像的更接近小孩，自身就有野孩子、奴隸、傻瓜、遲緩兒、迷信的人、笨蛋、無精打采的懶惰鬼等特質，根本不需另外尋覓。這就是為什麼我常認為，集合落在隊伍尾巴那些人，用千百種方式反覆教導初級課程，直到說服最遲鈍的腦袋為止，並非是在浪費時間。表現優秀的那些人，包括老師，皆從中得到好處；因為能藉此思考自以為知道的那些事，實在太珍貴難得。

當然，沒有任何人可讓我公開宣稱說他絕不懂得思考其職業以外的事。當他跟伊索（Esope）[22]一樣，是一名奴隸，他也一樣會去思考。那麼他就不是奴隸。他不僅跟每個人一樣，多多少少會去思考神與人的事，更甚的是，他是以和平或戰爭、公平還是不公平、高貴、低賤等所有一切，來決定自己身而為人的重量，即

22 編註：相傳伊索約生活於西元前七世紀至六世紀，擅長講述寓言故事。

使方式瘋狂。再怎麼自由的作家，時時刻刻仍感受得到他筆尖下的這份重量。同樣地，適合從事商業、農業或僅僅機械操作之類等工作的人，卻讀了笛卡兒、蒙田和巴斯卡；或只從最簡單的定理中就窺得莊嚴偉大，其實也不在少數。如果人類的寶藏僅留給那些最有資格得到的人，這個世界將永遠一成不變地走下去。相反地，如果著手教導無知的人民，我們將能看到新的發展。

21

畫畫

我常聽人說：「我們未來的一切都仰賴教育，而教育的成敗端賴畫畫。因為，沒有什麼比畫畫更能讓我們認識孩子的天性和個性了；再說，如果不先了解孩子，教學又如何能有成果？你們看，那些上學的小朋友，學校裡為他們提供的題材啟發想像力而不馬上奴役想像力：市場、氣球升空、烏鴉和狐狸、馬戲團、豐收，以及其他許多。他們的選擇已多少揭露自己才能性向；但是執行起來，多麼大的差異，多麼的現實！想當然耳，他們畫得粗笨、拙劣，從美學角度來看，我甚至同意那些圖畫很醜，然而那是多麼生動的表達力量，多麼發自內心的感受，多麼具有啟示性的筆畫線條！」

心悅誠服的信念少見且珍貴，我並不想對擁有它的人們潑冷水。但是，在此，努力的方向似乎被嚴重誤導，所以我必須唱反調。

我很清楚這些自由自在的圖畫可以給老師資訊，但學校還有一個目的是教導孩子。你說，為了教學，必須了解我們教會了什麼。我知道。或許更重要的是要好好了解我們在教什麼。至於透過加重的線條，笨拙的動作，熱烈的塗塗畫畫，刻劃在這些天真的圖畫裡的孩子天性，我相信它會挑起你及所有人去評斷的欲望。我甚至看到，這樣的心理學觀點帶有一種刺探隱私的不得體，想從這天性之中尋找些什麼來臆測、讚美和責備。任何特質都可能因無知、困惑、羞怯、自我束縛、憤怒或悲傷而變壞；但透過科學、文化、體育、擁有自我、解脫，一切，是的，一切，皆善良美好。而且，由於我確信人性本善適用於每一個人，我發誓要盡己之所能，幫助每一個人發揮其本性，每一個人也都將盡全力汲取，並消化轉換成自己的。因為我有一個奇怪的想法，與上述人們異口同聲的大相逕庭。這個已確認多次的想法即是：人人公認的美好，普世皆準的人性，恰好就是看似為所有人制定的那些，並非專門給我、給孩子或給大人，亦非為我量身打造，而且總偏離主題，更常常言不及義。心理學家們搞錯了所有的一切，自己騙了自己，因為頑固地想去了解，卻不肯去改變和提升。了解我的想法，意思是去實現它；了解我的感受，表示提升它，用人性的角度詮釋它。我真正的面貌藏在荷馬、維吉爾、蒙田之中。而且，孩子比我更需要，我應該給他一面鏡子，讓他立即看見自己長大之後心靈純淨的模樣。

但這個想法尚不明朗。必須將眾多偉大典籍一讀再讀，才能知道最好的顧問和真正的矯正師在哪裡。畫畫帶我們回到同樣的想法，途徑比較簡易。因為無論作畫樣本是什麼，為了畫出適當的圖，只能先拿捏調和好內心的一切喧鬧，而那些紛擾對於手的輕顫與力道又如此敏感。這些大力畫破紙張的線條只表達了粗俗。在較美麗的畫作中，我欣賞的是紙張的顆粒完好無缺且清晰可見；筆畫輕盈，沒有重量。線條反映出對模特兒投入的注意力與忠實程度。不過，比起一條精準的直線，這些都不算什麼。準確的直線代表的即是畫畫那個人的面貌。我從中看到自制與純淨。那想必來自一個熱情洋溢的人，沒錯，但更重要的是那人在畫畫的時候能掌控自己的手、全身以及內心。拋開雜念。所有人的好榜樣。所以，那簡潔的線條富含真正的智慧，只要去仿效它，每個人都能從中得到一點智慧。而且當注意力僅集中於模擬一幅美麗的作品，毫無疑問地，他本身也變得更好。反之，企圖不靠外力去表達自我，反而會扭曲變形，裝模作樣。那是被指揮，而非領導。是奴隸，與許許多多其他人一樣，現在是奴隸，以後也是；因為他們從來也不想師法仿效。

22 釋放天性

改變人比了解人省事。我所謂的改變，意思始終是一種非常小的變化，小雖小但足矣。一個跪下的人就不是一個站著的人；張開手掌的就不是握緊拳頭的；用丹田發聲與用喉嚨說話不同；這就是為什麼，要說服他人時，態度往往比講道理重要。道理本身為人帶來的改變少之又少，但這樣的改變就夠了。只是，道理的障礙幾乎從來不在人們所以為的地方。一個肢體緊繃起步不順的人根本聽不下道理，必須先透過體操與音樂軟化他，然後他才會願意思考，像一個優秀的小提琴家那樣演奏，不會手指緊抓著琴弓不放。僵硬的胳臂和筋軟的胳臂，外在差異的確不大。軀體黝黑或皙亮，健壯或纖瘦，會拉出各自的小提琴音色；但是，無論什麼樣的音色，只有在身體柔軟之後才能演奏到讓人聽見。因此，體操鍛練一點也不是為了改變自己的本質，而是在釋放天性。

這些困難且需要耐心的技藝讓人看見，同樣的方法適用於所有人，即使每個人都不一樣。我甚至認為，共同教學法的目的完全不是要教出一群相像的人，反而是要把他們教得更與眾不同；因為，在兩個都會拉小提琴的人之間，又發展出了一項新的差異，那就是他們各自的音色。同樣的道理，每個人都有自己的劍法，但大家還是必須學共同的招式。這些例子幫助我們了解，共同的文化如何滋養出繽紛的差異。這就是為什麼幾何的課程適用於所有人。還有課前的準備，也就是輕巧地畫出一條直線或一個圓形，也對每個人都有好處，肯定比白費力氣去猜想來得好：猜想每個學生各因為哪些觀念不清而妨礙學習幾何，那等於想用腳踩住影子固定它一樣。只是，為學好那些課業，甚至為學好所有的課業，需要利於學習的身體操作，一種輕鬆自在，一種對事物的熟稔。憑藉這些，一場漫長而艱難的淨化過程將為頭腦打開理性之窗；而人們將可根據文字，甚至數字及其他符號來判斷學問的發展進度。

對這些外在方式有疑慮的人，我相信他們抱持著戰勝某種天性的希望，其理性程度幾乎跟想把卷髮梳直差不多。他們什麼也戰勝不了的。每個人各自的頭髮仍然一樣捲曲，體型也不會變；每個人仍將持續把自己本性的標記印在任何共同想法上。文筆上的差異應該能讓他被聽見，因為這是從文化發展而來的差異，用來討論面孔也很貼切：每個人各自的臉部表情也是從禮貌發展而來。因此，我認為自然天性的主要部分是永恆不變的；但這構造和情緒的根基扎得比善惡之分還深。一個人的優點並不那麼類似鄰人的優點，反而比較接近他自己的缺陷。史賓諾沙（Spinoza）[23]比任何人都了解不變的永恆，他是這麼說的：人類一點也不需要馬匹那種完美性。讓我們這麼說吧：人不能把鄰人的優點當成外套那樣直接穿上。所以，缺陷只存在於自己箝制自己的狀態，因為缺乏體操鍛鍊和音樂素養。凡已自由釋放的都是好的。

23 編註：巴魯赫．史賓諾沙（Baruch Spinoza, 1632–1677），西方近代哲學史重要的理性主義者，與笛卡兒和萊布尼茲齊名。

23

保持做自己

要掌握一個人，就應該深入其個性，對孩子來說更是如此，因為他的發展尚未結束，儘管常常自以為已經成型。大人則總認為自己已發展完畢，於是到處展示他的個性，當成作品一般，也不論是好是壞，純粹虛榮心作祟。但是讓我們深究表面下的情況，在那兒會發現情緒，不穩定的情緒；他淚流不止，不過是因為陽光照進了眼睛裡。如果你想了解一個大人，第一步該做的是讓他好好坐下，拉上遮陽棚，阻斷熱浪或寒流，並停止擾人的噪音，首先從你自己的聲音開始。總之，應排除所有恐怕會牽連他的小意外。然後，你會發現天性，穩定的天性，也就是一套真正的系統，集中且均衡。鼻子與下巴的形狀、膚色、髮色和眼睛的顏色，一切都長得好好的，因為這些表徵都來自一套不可更變的飲食系統，他遵循這套系統長大，以後會因而生病或健康，最終老去。無論悲傷或愉悅，他將永遠擁有那個顏色，那個坐姿，那種模仿不來的動作連貫方式，讓他成為他的那一切。

這些差異是克服不了的，必須去喜愛；這份對自己的堅定和忠誠立即給人希望。他能堅持多久，我就支持多久。說服的藝術想必正繫於這份投入，關注天性而不僅止於情緒。我支持他。很好。但我能拿這些做什麼？不做他不想做的事，正好相反，該做他想做的事。不去破壞那份堅持，相反地，應該解除其負擔。意使天性保持自然，即是仁慈。鄰人的優點，他拿來無用，要的是他自身的優點，依此類推，髮色與皺紋皆是。他自身的優點好比手足一般像極了自身的缺點。在此我試圖模仿無人可仿的史賓諾沙，容我這麼說：比起一個身手敏捷的人，一匹矯健的馬跟一匹精疲力盡的馬較為相近；同樣地，比起鄰人的勇敢，一個人的勇氣更接近其自身的恐懼。依此類推，一顆腐爛的蘋果遠比一顆漂亮的橘子更像一顆漂亮的蘋果。一個吝嗇的人絲毫不懂付出，這種說法從來不是定論，什麼都還說不定。但這種付出的方式將更像守財，將出自同一種手法，而這與斤斤計較純粹正直之心胸差距其實不大，同樣的演算法也會用來評估鄰人。相反地，輕浮的小偷算他的錢跟算我的錢一樣草率，他將偷到自己。然而草率這項惡習與某種慷慨大方相去不遠，差別只在於他是施捨還是偷竊，因為手法都一樣。

從莽撞到勇敢，殘酷到堅定，到堅決，到不可動搖，我看不出這其中有多大的差距。頑固與忠誠，思慮緩慢與悟性機靈，詭辯與敏銳和聰巧之間亦如是。惡習只不過是未完成的品德。史賓諾沙曾寫道：每個人唯一且獨特的品德基礎來自於努力保存自我。這則鋼鐵般的信條正是最好的工具，但它令人心生畏懼。人們會比較喜歡軟性的說法，它則鼓勵人去改變自己，去具備一種奇怪的特質。而那都是些白費力氣的建議，人幾乎在各方面都將維持自我本性。唯一可期待的改變是讓他不對外在事物妥協，保持做自己。不過，同樣地，解除了這些差異的束縛之後，所有人都得到最有利的結果。怎麼說呢？因為你永遠不知道你敢不敢擺脫束縛，如神父救贖尚萬強[24]那樣。

必須好好重讀細膩的《悲慘世界》。首先，這是個不致可笑地誤解雨果的好機會。不過，更好的是，其中包含了所有關於正直的觀念，基於那股不可動搖的信念，讓每一個人做他自己。這份強烈的愛宛如太陽之於人類，讓他們開花結果。另一份愛則需要選擇，朝喜歡的方向散發，有月亮的屬性，如同月光。色彩的真實面貌並未被清晰照亮，更糟的是，甚至根本不成熟。因此當我們對自己的完美

24 雨果作品《悲慘世界》裡的主人翁。

尚一無所知，會想去評論鄰人的完美；並想許諾自由，但前提是要能善用自由。相反地，擺脫束縛的天性將形成範例，善加利用的方式亦將廣為人知。正如《第九號交響曲》，在曲子完成前，人們對它毫無概念。

24

性格的考驗

長久以來，總聽見人們說某人聰明而另一人不聰明，我早已倦乏。這樣輕率地評判人的才智，簡直是天下最愚蠢的事，我深感驚恐。那麼，掌握不了幾何學，被視為庸才的那人，如果他循序漸進，而且鍥而不捨，他算是那種人呢？從幾何學到最高等最艱深的研究，這個過程無異於從漫無目標的想像到發展出幾何學，困難之處也一樣；對性急的人來說難以克服，對有耐性且一次只思考一件事的人來說則不算什麼。關於這些科學上的發明，關於人們所謂的天才，我只需說，成效只有在長期用功耕耘後才看得出來；而倘若一個人什麼也沒發明，我無從得知是否只因他沒有發明意願。

同樣的這個人，他在面對冷酷的幾何學時退縮了，二十年後我又見到他，他正從事一項自己選擇並堅持的行業。在他的領域中，他看起來頗為聰明；而其他人，在做足功課以前就想隨興發揮的那些人，雖然通情達理，能掌握其他事物，對於那個領域卻胡說一通。他們所有人，依我看來，在常識問題方面皆愚蠢有餘，因為他們在發言以前絲毫不想先把事情看清楚。於是我有了這種想法：人的聰明程度都是自己決定的。言談用語給我的訊息應以足夠，因為愚笨其實正意謂著智力薄弱。因此，就某方面來說，大眾的直覺已對我指出具有判斷力的人和傻瓜之間的差別。意志，而我想更精確地說：用功；後者缺少的就是這一項。

於是在樂於去評量人時，我養成了端詳的習慣；但我注意的卻不是他們的額頭，而是下巴。我要看的不是會組合與計算的部分，因為那裡永遠夠用，而是一把咬住就再也不放掉的那個部位。換句話說心智優良的人即是精神堅定的人。一般用語也使用「意志軟弱」這個詞來指稱媚俗循例去評斷的人。笛卡兒的巨大身影仍遠遠地走在我們前方，在著名的《方法論》中，他開宗明義地說了一段常被引用卻不太被了解的言論：「世界上分享最廣之事即為常理。」但他亦更直接地闡述這個觀念，在《沉思錄》中這麼說：判斷所關乎的是意志，而非悟性，因此不講人們異口同聲說的聰明才智，改提寬宏大量的心胸。

在聰明才智的範疇中，永遠沒辦法找出程度分級。難題都被簡單看待，就像用二加二得出四一樣，變得那麼容易解決，只要沒陷入自我想像的困難泥沼之中，即使最遲鈍的頭腦也能輕鬆過關。我幾乎敢說天下無難事，只怕庸人自擾之。我的意思是，傻瓜就像一頭驢，搖頭晃耳，拒絕前進。對，正是情緒、憤怒、恐懼、失望的關係，這些原因一起出現且翻攪旋轉，讓人變傻。這頭動物敏感，自尊心強，野心勃勃，經不起挑釁，寧願十年做牛做馬也不肯單純謙卑地用功五分鐘。例如有那麼一個人，因為連續彈錯三次就對鋼琴自暴自棄，從此拋下一切。無論如何，他本來願意練音階，但是經過一番理智思考，他就不肯苦練了。或許在情感作祟之下，一個人的雙手可能出錯，但即使不是多麼嚴重的恥辱，卻不許他的頭腦出錯，那可是他特有且私密的財產。當然，智力有限的人難免激狂，那是某種程度的反抗，宛如刻意的自我詛咒。

有時人們說造成差異的是記憶力，並說那是天賦。事實上，我們可以發現，在自己努力投入的事物上，所有人都展現足夠的記憶力。而那些驚訝一位鋼琴家或小提琴家能憑記憶演奏的人，只暴露出他們的無知，不懂藝術家經過了多麼頑強執著的用功才能成為藝術家。我認為記憶力並非用功所需的條件，反而是用功之後的成效。我敬佩數學家的記憶力，甚至羨慕；但那是因為我根本沒有像他那樣從頭到尾全套苦練。這是為什麼呢？因為我以前總想立刻把事情弄明白，而我的頭腦其實一團模糊，不肯往前，結果撞上某種可笑的謬誤，不知如何釋懷。每個人都急著怪罪自己。自命不凡最先遭到懲罰。於是會出現那種無法馴服的膽怯，事情還未發生就障礙重重，故意跌倒，拒絕救援。應該要懂得一開始先犯錯，然後一笑置之。就憑這一點，人們會說拒絕科學的人已經夠輕浮的了。沒錯，但輕浮這個態度可嚴肅得不得了，好比發下重誓，絕不獻身任何事物一般。

我得到這樣的結論：小學生的作業是性格的考驗，與聰明全然無關。無論拼字、翻譯練習還是算術，重點皆在於克服情緒，在於學習產生意願。

25

閱讀

奧古斯特・孔德（Auguste Comte）[25]最初受的是科學教育，也就是說，他很早就明白自然萬物之間如何連結，如何一起變化，無論是在數量或運動方面，還是在特質方面。他充分具備這些知識，聰明絕頂，大概是人們見過最優秀的頭腦之一，能夠強大地運作思考，但他的一生窮困潦倒。這是因為他對於外部事物的看法極為精準，但置身人性範疇這個我們強烈情感的主要來源之中時，卻宛如一個孩子。因此，他上了情感與想像的當，順從他寬大的心胸衝動，呈現出真實野蠻的自己。這是許多人皆有過的經歷。但這副絕頂聰明的頭腦至少懂得反省自身的不幸，成熟後發現年輕時期的不足。所以在他四十歲時左右，跟上了詩人、藝術家，簡言之，各種人類表現的腳步，最後止於原本應該是出發點的議題上；用最

25 編註：奧古斯特・孔德（Auguste Comte, 1798–1857），法國著名哲學家，社會學、實證主義創始者。

廣義的方式來說就是禮貌，亦即教育。

我們從人群組織誕生，並在這逐漸鬆散，但仍然堅固、不可能斷裂的人群組織中長大。我們沒有選擇。孩子很可憐，懷抱著瘋狂的希望，以及他以為巨大的小小憂傷。當務之急是讓自己呼吸得到新鮮空氣，將我們周圍的人們撤到視線所及範圍即可。要做到這一點，首先，且一直必須仰賴的是對表現符號的認知。但就算保母特別留心這件事，也無法帶我們走得多遠。應該讀讀其他東西，別只接觸保母的面孔和她們無知的話語。掌握字母算是芝麻小事，但文法卻沒有止境；文法之外延伸出共同慣用語，再往上還有美麗又強而有力的詞藻，宛如我們情感與思想的規則和模範。必須閱讀，一讀再讀。人類的秩序表現在規則裡，守規矩是一種禮貌，就連遵守拼字規則也一樣。沒有比這更好的紀律了。人這頭野蠻動物生來野蠻，不知不覺中，由於遵守規則變得文明而像個人，一切只因為閱讀的樂趣。極限在哪兒？現代語言和古代語言皆以千萬種方式為我們提供閱讀樂趣。所以，是否必須閱讀全體人類，或者像人家說的，閱讀所有種類的人？

極限在哪裡，我完全看不到。我不了解任何人，無論他天生多麼遲鈍粗魯，即使被分配到最簡單的工作；我一點也不了解什麼人首先需要存在於他周遭和沉濺在經典書籍中的人性。必須多方嘗試，利用孩童猴子般的模仿力，這時的他輕輕鬆鬆就能學會口氣與態度。從幼年期初期開始，就應該盡可能往前推進。根據優雅與否及駕輕就熟的程度，來決定某人適合文化而排除另一個人，實在是不公平且不謹慎的做法。優美的文學對所有人都有益，而且對愈粗俗、愈笨拙、愈冷漠、愈凶暴的人來說，想必愈有需要。那麼對孩童該怎麼做呢？該讓這些小朋友們隨手取得物理和化學知識嗎？優美的物理學，優美的化學！在此，這位孔德再次提醒我們回歸秩序，且強調這個詞最重要的意義，警告我們：若沒有準備好數學、機械，甚至天文學的基礎，全然無法進入物理學的世界。而在十二歲以前，孩子尚在學會認字並學習閱讀，不該貿然嘗試那些事物，應讓他受詩人、演說家、說書人的薰陶。如果不去想著一次做完所有事，時間就不會不夠。小學裡上演著這齣荒謬的戲：一個人負責教好幾門課。我痛恨這些小索邦大學。只要一扇敞開的窗，我就能用耳朵來評判。若老師閉嘴，孩童朗誦，則一切進行順利。

26 兩種學習

我們可以透過事物來學習，也可以用頭腦來學習。第一條途徑是技術之路，由成功與否來決定是對是錯。學打鐵時我捉摸探索鐵和錘子的特性，沒有人要我把想法做個總結，而人們從作品去認識工人。成熟期的無所不知亦如是；到了那個年紀，人們吝於思考，就連律師或訴訟代理人也一樣，他們的職業內容就是理由分析與設法說服，但其中也有例行公事，就像法官也有例行公事一樣。最好的頂多是有變化的例行公事。由此可見，有些能幹的人其實腦袋空空。

小學也投入這項潮流，為了正確拼寫，配合詞性變化，測量，數算，尋求一套例行的做法。大家不難發現，優異的小學生算術很好，於是人們嘲笑懂得加法理論但算術表現不好的中學生。然而，例行性的加減乘除透過事物即可學會，由事物來決定正確與否。由此可見，有清楚的數字觀念非常重要，所有會計都會這麼告訴你。另一名小學生以遊戲的心態思考，經常容易出錯，因為沒有任何事物比思想更不穩定，更難以捉摸，更混人耳目。原始的文明揭示了這樣的對比，讓人看見各行各業驚人地追求盡善盡美，而所謂完美則接軌各種以理性分析為基礎的奇妙輿論。令人驚訝，且應該要集中注意力仔細多觀察幾次的，在於科學的進步其實來自荒謬古怪的理論，而非職業活動。

所以，透過頭腦來學習意謂著什麼？答案是形成社群。遵循歐幾里德的靈巧敏銳培養出的幾何學家，永遠忙著與一名想像出來的對談者達成共識，其方法是提出一項沒有爭議的定義，然後運用理性分析征服對方，一面回應所有可能出現的反駁。於是歸結出這門恰如其分地被稱為普世皆通的學識，也就是說，能為所有頭腦普遍共有。事物想說明什麼都無妨。幾何學家的注意力根本不放在圓形回應出什麼，而在於他所對話的那副頭腦可能如何作答。這是用論證來思考的方式，再也沒有什麼能驚動沒文化的頭腦，除非是為正確演證而做的努力，況且要證明的事在實際應用之後必須不留一絲疑惑。這種需要時間慢慢練成的思想適合中學教育。到了高等教育，技術專家再次出現，只要成功就心滿意足，甚至發展成學說。比方說，只要能提出幾則簡單的假設，用它們贏得所有你想說服的人之腦力運作，即可證明地心引力的法則。但是技術專家，我認為甚至包含高等的數學家，他們的例行公事幾乎一絲不苟，寧可說這樣的演證浪費時間，只要知道理論可應用在實務上並換來成功，這樣就夠了。無論哪一行都會走到這一步，天文學家也一樣。一般而言，成功等於放諸四海皆準；請將成功的人理解為闡明事理的人。然而從未體會好好思考之樂趣與奢華的頭腦則黯淡無光，在只需用人類角度思考的時候，毫無資源。因此有這樣一個讓理性歇息的場所，恰如其分地介於普通職業與特殊職業之間，對所有人都好。我甚至認為，頭腦緩慢遲鈍的人，更加需要它。教育改革家們，請從這個角度看事情。

27

自己思考

所有人都對自然現象感興趣，這當然不在話下；更甚的是，人類拿出絕佳的注意力去仿效大自然的機制。孩子們也一樣。我了解人們想看見孩子手上永遠有個東西可以拆解又重組，想讓他們嘗試、探索，最終明白其中原理，如同我們明白時鐘的機械運作一樣。只是，我確定，冀望這些方式能啟發智力，絕對是自欺欺人。從令人感興趣的事物上永遠學不到東西。人天生靈巧，善於觀察，有創造力。對於一名獵人，你所教他的一切他都知道得比你清楚。而鼓勵野蠻人循規蹈矩的風氣也行之有年。這算是求知嗎？難道沒有其他知識可求了嗎？問題的癥結即在於此。

我再次寫這些，是為了回應一項教育調查。所以，必須簡短。我衝撞，唱反調，討人厭。大鬧一場。但教育家皮堅肉厚，堅持上他的常識課和教學經驗。然而人類的歷史已有不少證明：有人可以是優異的弓箭手，卻一點也不懂世間常理。這些事情的祕密握在柏拉圖和笛卡兒的手上。柏拉圖想在他學校的門楣上刻寫：「不懂幾何學之人不得進入」；而笛卡兒首先假設至少有一項定理已被了解。教育家應該要知道他說的是哪一項。

在所有自然現象和所有機制中，總有一個困難之處令人生厭，必須令人厭煩。舉例來說，關於一座時鐘，我們該懂的是鐘擺的規律運動。要明瞭這一點，不能不懂自由落體；而要明瞭自由落體，不能不懂幾何學。關於潮汐，該懂的是太陽與月亮之相對位置所產生的萬有引力。然後，比方說，應該要知道上次復活節的潮汐為何比別的時候強，並能連結到月蝕現象的影響。很好。想像力大致為我們呈現出兩顆星球朝同一個方向拉引的畫面，就好像有兩個人一起拉一條繩子。對。但如果要問，日蝕的時候，兩顆星球在同一邊，而月蝕的時候是在相對的兩側，卻為什麼會產生相同的潮汐效果，困擾就來了。更大的困擾是，如果有人問，為什麼地球相對的兩側會在同一時間發生大潮。這就是一個人們不解卻輕率放過的問題點。常識的意思是，我們知道在日月蝕時皆會出現大潮，至於為了了解這個現象該做的努力，以及努力所需的漫長迴路，總被置之不理，往後拖延。那麼我們比漁夫多知道了什麼？況且，關於潮汐的推遲，長浪效應和各種渦流，我們知道得比他還少。所有這些大家認識不清的行業究竟是怎麼一回事？關掉學校，把孩子送去狩獵或打魚，找個經驗老到的行家來管教他。

或者，在那座快樂地隔絕世界的學校裡，讓我們繞道走那困難的迂迴遠路。讓我們走向那些實際的難題，而它們的演算邏輯卻提供了最簡單的範例。這麼做很枯燥，我承認；也很抽象，你說的沒錯。孩子只有在捕捉到一線光亮時才會感興趣，但那道光，我們無法直接照進他的眼睛；因為發出那道光的是孩子本身，透過他對自己思考的專注，透過一份對自己提出的假設的堅持。總之，透過一種完全創想出來的，自然事物從未教過我們的嚴謹精準。這些嚴格的定理的本身並不有趣，因為它們本身並沒有存在意義，必須用來實踐，演證辯護。但是，到了那時，他們所展現出的這道光將比黎明的曙光還美，那是智慧的曙光。那一刻，小人兒獲得新生，自知有才，並掌握了笛卡兒所說的那項神奇工具。孩子的才智得到啟發的同時，他也確實喚醒了大人的某種意識，即是那可畏的平等。蘇格拉底在探索圓形時，找來一名穿著大衣的小奴隸當幾何學學徒。出色耀眼的阿西比亞德無話可說，但想必他整天都在咀嚼這些人們不說的思想。教育家也許本領高強，也許曾對自己許下承諾，只把平等的祕密教給以後能當老師的人。

28 記憶

回憶從傷痕開始。並非因為組織被破壞或事件的痕跡，抑或剌如荊棘、利如刀鋒，才會被留存；所有東西死了之後都將變回沒有記憶的元素，如碳、氧、氫。但是組織在自我修復後會留下織補痕跡，像床單或網紋布那樣。因此，不僅我的目光能找回見證，結疤的部分也無法完全再如以前那樣運作，就連觸摸起來的感覺也不一樣。標記刻印在知識中，甚至深入著作。

從這種角度來看，的確，所有有生命的部分或多或少有可塑性。打鐵匠的肌肉，每出一次力宛如受一次傷，卻為受傷的部位帶來一種新增的材質，製造一種更緊密的組織，於是修復；而透過這些在肌膚下滾動的肌肉，外表上的效果立即顯現。不過，更顯著的是鐵匠的一舉一動都因此有了變化，正如他對於作品的回憶亦烙印在後來的作品中，每一下鎚打皆會改變即將呈現的成品，與鐵鎚本身和鐵砧的變形完全不同，與因長期使用而磨亮的鐵鎚握柄也完全不同。

要仔細注意的部分在於重建後的記憶從此固定，所以需要時間和資源，以及規律的活化動力。外觀上，在最細微的部分，事物的運作也一樣，因聲音、顏色、氣味的微弱衝擊而有所變化。

這些觀察有助於了解蒙田在他的散文集中所提到的那場意外。他說，他被一名手下衝撞，從馬上摔了下來，因撞擊力道太大而失去了感覺能力，後來永遠無法記起衝撞前的狀況，即使當時他並未昏迷。另外有個人也跟我講過同樣的事情：他撞上一班街車，當場暈了過去，結果從來想不起任何發生在撞擊以前的事。在此，應該注意：為了撫慰腦中的想像，所以在撞擊前一刻的恐懼完全沒有時間成形或變成某樣東西。發生這類失憶的原因，我先前已解釋了一部分；記憶需要時間去熟成，而因為突如其來的重大擾亂，它熟成的方式不同，最終變形，彷彿迷失在有機變革的軌跡裡。細節不易記住。不過，我們始終透過成長與養分來保持印記，像一株野牽牛，只消一個晚上就能纏繞一根桿杖，維持姿態；因為它長得很快。同樣地，孩子依循文法及萬事萬物成材，這是老人再也做不來的。

29 學校與工坊

學徒制度反對教學。原因在於陽剛的工作最怕激發創造。創造自欺欺人，浪費材料，虛晃一招。學徒受迫於這條嚴苛的法則，學到的反而是永遠不該嘗試超越他所知的事，而始終去做一些低於他能力的事。學徒總有一點害羞，到了工人身上則化為謹慎，這些全都寫在臉上。「我不懂這個，這不是我的專長。」伙計會這樣推辭。學者的說法比較謙虛：「我們再看看。」無論如何，可以猜到空閒的學者極少煩惱試驗的代價可能有多大。正因如此，發明家經常破產，其中著名的帕利西（Palissy）[26]堪稱象徵性人物。大家明白，這種大膽豪放的想法不可能為工作坊所接受，因為它對木板和鑿子都造成威脅，還不包括浪費掉的時間。這也就表示，學徒主要學到的是不必動腦思考。

技術的重要在此浮現。那是一種不靠言語的想法，靠的是雙手和工具。我幾乎想說，那是一種害怕思考的想法。在工人的動作中，掌握這份謹慎值得嘉獎，但亦包藏了某種奴役他人的可怕應許。我將神祕的古埃及人視為技術精良的民族。而這種懂得怎麼做，卻不肯去了解其原因的想法讓人幾乎摸不著頭緒。不過，有幾項頗為明顯的原因引導我們來到門口，卻也沒辦法再深入了。請注意：手法是由工具來調整的，對於真正的，甚至可說，對於扎實的傳統，你已有看法。凡工具現身之處，就建立起一套以目的為主的規則，以及一種屈服甚至懼怕的思想，因為笨拙的人會為工具所傷。但老板更可怕，因為他代表不講彈性的需求。老板才沒有興致去欣賞一樣把珍貴材料變成碎片殘骸的巧妙試驗品。孩子的心智容易受騙、破壞、失敗，在這方面算是敵人。這就是為什麼一個賺錢養活自己的少年學得的都是不好的經驗。他太早採取謹慎的態度，學會不再放膽冒險。想像一名小書記在印花公文紙上算錯加法的狀況；那是學徒級的錯，而非學生級的錯。因此，書記長的憤怒也絲毫不是學校老師生氣可比的。學校老師要同學去探尋，找出他所謂的聰明之處。他不在乎紙張浪費，倒是想讓小笨蛋去面對自己的

26 伯納德．帕利西（Bernard Palissy, 1510–1590），法國陶藝家、科學家，製作的陶器以鮮豔的色彩和花鳥蟲魚的裝飾而聞名。他為了將《聖經》中的自然題材製成陶器的圖案，深入研究自然科學，如今被視為水土保持及農藝學的先驅，在當時卻飽嘗嘲諷。

愚笨，認清可笑之處。這樣的意識覺醒有鍛鍊強化的作用。技術人員卻不一樣，他指控這種探究行為，嘲笑那些自信滿滿的人。基於這樣的行規蹈矩，頭腦直接向工具投降。請注意刻劃在埃及人像臉上那份篤定。在他們那些充分表現出形體的鷹像雕刻上，我也看出某種類似的表情。話語悠遊於這些外表，宛如盔甲。

有兩種方法能讓人安心有把握：學校那一種，信任自己；另外一種則來自工作坊，教人永遠不要相信自己。這從逐步加法中即可看出：理解力在此出錯，卻能從改正的錯誤中得到力量，不像算術那樣匆促盲目。所以管帳的不管數量。反過來看，我們大可想像一位學問高深的數學家在一道簡單的程序上犯下可笑的錯。泰利斯停下腳步思考，但鞭子總高舉起來。這即是學習的好處，就時機和地點來說都好。從未當過學徒的人永遠是個大孩子。但太早當學徒又幾乎沒當過學生的孩子則終身是一具機器，還會鄙視只是業餘者的泰利斯。

思想中有遊戲成分。但如果希望學校只是一場遊戲，那就又錯了。學校受到兩股力量拉扯，一邊是遊戲，一邊是學習；但它其實位於兩者之間。學校以認真的態度參與課業，然而另一方面又脫離嚴厲的工作法則。在這裡可以犯錯，可以重來，加法算錯也不會毀掉任何人。如果有個呆瓜會嘲笑自己犯下的嚴重大錯，那可不是件無關緊要的小事。透過嘲笑的舉動，他評價了自己。請注意，我們始終只從已知的錯誤分析思考，同時也只在學校分析思考，因為在那裡，除了我們自己以外，沒有人會糾正我們。他們放手讓我們往前，研究探尋，在泥沼中啪踏邁步。「混蛋，現在你要怎麼辦!?」這是工作坊裡用的字眼。「讓我看看你們做了什麼？」這是學校裡說的話。而當自滿的學生發現錯誤，他所感到的是一種沒什麼好怕的羞恥，也就是說，別人的看法在此無關痛癢。而這樣別具一格的謹慎所仰賴的正是思想。

30

從已知到未知

沒有任何概念可匹敵事物的天性。在這個討論上，我們大可平心靜氣，無動於衷地聽聽一個熱情十足的人透過各種新經驗來揭示：就算是最有學識的人也遠遠無法對萬事萬物提出解釋。什麼？人類把自己的概念打造成武器，而概念的故事道理其實和工具的道理故事頗為相似。一如鐵鍬是一項用來挖地的工具，幾何學裡的直線和三角形也是用來定義形狀的工具。而自古以來，我們就知道，我們沒有任何方式能絕對客觀地描述真實的形狀，但我們可以去趨近它；就好比土地丈量員也無法量出每座土丘的周長一樣。如同有了最初的工具就能製造出其他的工具一般，這一次卻不是藉由打鐵鋪和鐵砧，而是靠畫出來的形狀和正確的論述。所有曲線都是直線的產物，沒有任何曲線等同於任何物體。被稱為懸鏈線的曲線本身，其概念已經夠難成型；然而，一條兩端被懸吊起來的小鏈子可是比幾何上的懸鏈線組合更複雜的東西。

古人假設星體描述圓形，形容得還不錯。我認為他們走在通往真相的正軌上，因為他們從最簡單的原點出發。至於我們這些人，從一種工具到另一種，從一則論述到另一則，我們宣稱星體描述蝕象，但這尚未成真；我們在真相裡，說得更明白點，在思想之正確進展之中，但不等於已達到目標之物。我們知道行星之間因為互相作用而會稍微偏離幾何學所畫出的軌跡。更厲害的是，沒有任何行星的軌道弧線是封閉的，因為太陽會將所有星體往武仙座牽引，這座星團位於名為織女星的藍色星球附近，晴朗夜空中的星。

從已知到未知，這是我們的命運；也因為如此，在從簡單與抽象朝具體與個體之發展，我們永遠汲取不完。如同鴨子踏水瞬間成一世界，達爾文無法全部掌握，但達爾文，他擁有各式各樣的概念，掌握得應該比我好。而達爾文的概念則是他的前輩們的理智產物，就連他想縮減甚或打破的分類學，亦是先根據原有的分類來思考，就像古代的星象學家用水晶球來思考一樣。從來不曾遵循這條路的人什麼也不懂。沒有任何真實的狀態是絕對民主的，但是，一如土地量測員，我尋找著政府到底與何種形狀相似，又是哪裡不一樣。然而沒耐性的人棄絕一切概念，赤裸裸地沉浸在事物的本質中，回來時卻比當水手時的格勞克斯（Glaucus）[27]沾染更多泥沙和貝殼。從這個角度來看，我們所有人都算被灌注了科學知識，因為每一分每一秒都為每個人帶來一種非凡的經驗，近似人類的世界，大地與天空。當阿基米德在街上狂奔，一面喊道：「我發現了」，關於浮體，他只得到一個非常不完美的概念。沒錯，但這概念是幾何學和動力學的產物，因其深奧的清晰性和清楚特質而充滿未來。我們那些善變的先知則不一樣；他們比較像描述斯多噶學派所描述的那個，在大白天高喊：「現在是白天」的那個瘋子[28]；但阿基米德瘋狂的程度也不遑多讓。理性的人，如那些鄉村哲學家所說的，在犯錯的時候仍然理性不減，因為他的概念雖不完美，但思想正確，且保存了條理順序與連貫性。想了解天體物理，與其從一份早報中找訊息，閱讀笛卡兒能讓我得到更多收穫。

27 根據羅馬古詩人奧維德《變形記》（*Métamorphoses*）的記載，格勞克斯是希臘神話中的一名海神，他原是一名尋常漁夫，無意間發現能讓魚起死回生的藥草，吞食後變成魚尾人身。後來他又被女巫下毒，變成怪獸，有六個頭，十二隻腳，被困在泥塘之中。

28 此處其實是斯多噶派的一個邏輯舉例，來自懷疑論者塞克斯圖斯．恩丕里柯（Sextus Empiricus）和第歐根尼．拉爾修（Diogène Laërce）。如果有人說「現在是白天」，而現在果然是白天，這則陳述為真。反之則為假。但若這句話出自一個瘋子之口，則即使是真的也不成立。阿蘭在一八九一年寫了一篇〈斯多噶派的認識論〉（La théorie de la connaissance des Stoïciens），對這個典故有更詳盡的評論。

31 共生

所有知識皆來自於經驗，這是每個人都接受，視之為我們這個時代的教條。我一點也不反對。儘管如此，我想稍微改變這類中心思想的主軸，讓它朝更接近人性的方向運作。我比較喜歡這麼說：所有真實的知識，無論本質為何，皆是經驗。而我所謂的經驗指的是對一項實物的感受，親眼所見，若可能的話，也對其他感官展現。所以，代數學家的思想是他那些方程式給他的經驗，經由視覺開發，觸覺再將術語轉換成文字。我之所以舉這個例子，是因為它一定會令人吃驚。請試著了解：就算是最嚴謹的思想家，在此也無從施展，只能停下或迷惘，不知自己是否在這項穩定的目標物上實現了自己的構想，然後對它展開觀察監控。注意到這一點後，經驗可以延伸很遠，而方法是考量我們的行動。行動創造出各種目標物，如圓形、拋物線、對數，而它們給我們的考驗可不比金星的運轉移動來得少。於是，抽象概念被納入經驗之中。

現在，請看另一個值得注意的事項。孩子不會選擇自己的目標物。人們可能以為，如果孩子最初的知識能得自簡單、穩定且誠實不欺的事物，例如戶外大自然中的許多東西，那可是一項極大的優勢；然而事實並非如此。孩子經驗的第一件事是共生（symbiose），又稱生命共同體：與組合非常複雜，具備基本需求、欲望、情緒、熱血、想法的有機體共生。從那時起，他來到世上。雖然尚未直接來到這個世界，但他的父親、保母、兄弟、家裡養的狗和其他變幻莫測的事物已先行形成他的小宇宙。他在此學到祈禱與威脅兩種神奇的手法，先把希望寄託其上。這兩種態度界定出他最初的觀念，因此，無論是否願意，那些觀念皆帶有迷信色彩，同時也具宗教性質。在自然界中，沒有物體能被僅僅一個信號驅動運作，但做母親的會被一個笑容軟化，保母都會順從愈喊愈烈的哭聲。於是比起其他任何經驗，孩子最先學到的是管理。在質疑嚴格的工作法則以前，他已學到情感的力量，最早的時候，他的想法像個國王。我們知道外在經驗的位置已被占據，特別需要改正振作。珍貴的錯誤即是在為每個苦澀的真相挖掘空位。

還令人驚訝的是，第一項工作必然與訊號相關。孩子首先學習語言，並且，正如亞理斯多德以觀察到的，他自然而然地試著將自己最早說出的幾個字的意思盡可能延伸到最遠。「爸爸」這個字指的是他的父親以及他看見的所有男性，包括他父親的畫像和其他男人的畫像，他父親的手杖和其他手杖。在諾曼地，「Lolo」指的是牛奶。而在布列塔尼亞，「Lélé」指的是水。梧桐葉叢在露臺上舞動光影，一個孩子拿了一片葉子來給我，嘴裡說著：「太陽，太陽。」這些簡單易懂的發現遮掩了一個困難的概念，至少，藏得很好；那就是：此處又一次，錯誤走在前面。相同先被認知，後來才學到差異。語言立即把小人兒領進某種極致的抽象，在經驗和外部指令的推迫之下，他必須降低遲緩教師們的地位。從此，他知道我們所有的觀念構想，毫無例外，應該皆具有人性面與初步抽象兩種特質。所以，我們最早的概念進入變形狀態，同時，在從抽象到具體的過程使全副頭腦進步。這種說法可打翻了洛克的大鍋，也打翻了你的，親愛的心理學家；還有你的，親愛的教育學家。

32

難題與錯誤

騎馬、跳舞、牌戲，這些事帶來樂趣，但你得會做才行；而且必須學習，暗自發誓也要取得別人如此享受的樂趣，除非那些樂趣是現成的。但承認吧！根本沒有這種東西。產生厭煩主要的原因就在於我們致力追求某項人人稱頌的樂趣，卻不願投入自己的心力。在這方面，所有遊戲都能給我們上一課，因為遊戲時必須全力以赴，從某種角度來看，還必須心悅誠服，一開始就相信一定會玩得盡興。倘若相反地，像司湯達所說的，在希望期待之時已開始生厭，遊戲發展將會證實計畫真的美好。

此處最主要的錯誤約莫是人們想在尚未嘗試之前，就先了解玩橋牌或根據規則運球的樂趣。然而任何樂趣都沒有什麼好了解的。贏得比賽的理由，比方說，聽來十分薄弱，而同時還應補上害怕輸掉的心理。無論何種情況，產生樂趣的原因或許是行動與外界環境達到某種和諧，如同恰到好處的調整。生命機能即是時時刻刻在適應、戰勝新的難題，而難題雖新，但我們已有足夠的認知，能帶著自信去迎對，並覺得定能克服。這樣去看事情，我們發現，害羞反而是一種笨拙的感受：我們感覺得到它在醞釀，眼看著它撲來，面對它卻動彈不得。在馬背上肢體僵硬的人感到自己讓馬匹驚慌時，已跌落下來。在這方面，應該注意的還有人類有一個可怕的偉大之處，就是他可以甘心認命，甚至找到某種安慰，預言自己的不幸。

我順著這拐彎抹角迂迴繞路，一面尋找正確答案，以回答人家以前問我的一個觸及培養才智的問題。有些人一點也不喜歡數學，就是學不會；另一些人則宛如受到詛咒，絲毫不能品味音樂。他們是缺乏才能天賦，亦或是起步時不幸失足，如同有些膽小的馬在柵欄前退縮避開？以上所有的狀況，我相信都是想像力鬧彆扭作祟，因為在面對孩子時，在看出這肌肉健壯的小人兒亦擁有馬匹的野性，且外加驕氣時，天賦才華又能告訴我們什麼？必須特別留心注意孩子與大人各自的心意。如果他看開一切，總是敗陣，他將永遠是輸家。是的，正如不在乎保留戰力終能戰勝最糟的慘況一樣，他將戰勝最美好的樂趣。他將大步邁向難題，有如走向刑場赴死一般，但早已篤定自己不會跨過去，一定會在千鈞一髮那一刻逃開。每個人都經歷過這種感覺：接下來要說的話是句蠢話，但彷彿心有不甘似地，還是任自己脫口而出，甚至洋洋得意。因為人總是躲在天不怕地不怕的態度後面，而且他總是需要無視某項威脅。

在這種關係下，孩子比大人還要大人。他急著去判決自己，奔向自己的不幸。「我永遠也不會懂了」，這話不久就說出口，而且比人們所以為的更經常難以收回。所有教導的藝術都在於永遠不要將孩子逼到如此頑固的地步。該說什麼呢？請先估算障礙，要設定在他能克服的程度，並且不要一開始就強調所有錯誤。或許應該讚揚好的部分，忽略其他的部分，什麼都不要說。馬戲團裡的體操雜耍員懂得怎麼摔，那也是一種練習，而且他們技術過人。於是他們將試演上百次，每次都一樣歡樂，一樣柔軟，到第一百次都一樣。犯錯這件事也該用同樣的好心情來學習。人們不喜歡思考，因為他們害怕犯錯。所謂思考，即是錯上加錯。沒有任何事絕對是真的。同樣地，沒有哪首歌絕對唱得準。數學之所以成為一項可怕的試煉，是因為它對錯誤毫不留情。泰利斯、畢達哥拉斯、阿基米德皆絲毫未曾講述他們的錯誤，我們根本不曉得他們有過哪些不對的推理，真是可惜。

33 知識的源頭

一旦為了教導而去求知，必然學不好。若有人回頭綜觀路易十四的時代，卻只是為了在一、兩個鐘頭中恰當且有條不紊地談論那個時期，那麼他一點也沒學到歷史；我反而會說他忽視了歷史。而若他閱讀莫特維爾（Françoise Motteville）[29]、聖西蒙（Saint-Simon）[30]或沃邦（Sébastien Le Prestre de Vauban）[31]的著作，即可學到。同樣地，追本溯源地去鑽研流體靜力學，只為了給孩子講解玻璃唧筒，這個人不但沒學到什麼，反而愈忘愈多；要學的話，他應該去讀廷得耳（John Tyndall）[32]、赫胥黎（Thomas Henry Huxley）[33]、萊爾（Charles Lyell）[34]、馬克斯威爾（James Clerk Maxwell）[35]或馬赫（Ernst Mach）[36]。請根據這一點來想像階段性教學之可笑：基礎師範學院的老師位居最高級，由他來教導中級生，也就是實習教師，去為七歲小孩上講座課程。在這美好的體系中，所有人都回到七歲，用的幾乎是保母的說話方式。於是教育的傲慢面具被揭穿了。

我希望一個教師盡可能博學，但學到的要是源頭的知識。高等教育的教學從源頭做起。因此，願未來的教師往這個方向邁進，願他根據興趣去取得三、四張自己喜歡的證書，兩張文學的，兩張科學的。然而也願他在此之後別將畢生之所學注入一個還在學拼字的幼兒班。教師要有知識，目的並非教授他所知道的，而

29 法蘭絲瓦・莫特維爾（Françoise Motteville, 1621–1689），法國女文人。與路易十四的母親私交甚篤，寫下不少宮廷傳記。

30 聖西蒙原名路易・德・魯弗魯瓦（Louis de Rouvroy, 1675–1755），法國傳記學家，見證路易十四王朝及攝政期之結束。

31 塞巴斯蒂安・勒普雷斯特雷・德・沃邦（Sébastien Le Prestre de Vauban, 1633–1707），法國元帥，著名的軍事工程師，其防禦工事體系分布在法國十二個地方，於二〇〇八年被納入世界遺產。

32 約翰・廷得耳（John Tyndall, 1820–1893），愛爾蘭科學家，發現光的散射效應。

33 湯瑪斯・亨利・赫胥黎（Thomas Henry Huxley, 1825–1895），英國生物學家，達爾文演化論的捍衛者。

34 查爾斯・萊爾（Charles Lyell, 1797–1875），英國地質學家，「均變說」的重要論述者。

35 詹姆斯・克拉克・馬克斯威爾（James Clerk Maxwell, 1831–1879），蘇格蘭物理數學家。馬克斯威爾方程組是電磁學中的重要理論。

36 恩斯特・馬赫（Ernst Mach, 1838–1916），奧地利實驗物理學家及哲學家。研究課題主要包括光的傳播規律和超音速現象，「馬赫數」和「馬赫帶」因其得名。

是為了釐清這個過程中的某些細節，隨時能臨場接招；因為各種機會，驚鴻一瞥的專注力，以及一個稚嫩小腦袋瓜裡的花招鬼點子，全然是無法預測的。一般而言，在我的構想中，在小學課堂這個地方，教師一點也不需要工作，努力用功的是孩子。所以，絕對沒有那些天上掉下來的課程，讓孩子聽講時可以雙手抱胸什麼也不做；反倒是有一班孩子在閱讀、寫字、計算、畫圖、背書，抄寫再抄寫。重新恢復以往那套輔導老師系統，畢竟，對於最慘重的拼寫錯誤或計算錯誤，要任課老師一個個盯著全部改正簡直荒謬。黑板上，習題很多，但永遠都在學生的小石板上反覆演練，尤其放慢速度，再三重來，占去大段時間，老師卻不會太疲累，對孩子也有好處。另外還要花很多時間整齊地抄寫在漂亮的習作本上。抄寫即是一種促進思考的活動。總之，類似某種工作坊。對一位在學徒面前作畫的繪畫大師，各位會有什麼看法呢？同樣地，工作少有變化，畢竟閱讀與背誦是學習一切的機會。

備課，令人精疲力盡的自說自話，以及那些可笑的教育訓話，把學生當鴨子填而非讓他自行吸收；掙脫這些之後，老師監督的高度將獲得提升。他不再疲累，保有自己的時間，將能不斷精進，前提是一開始就從源頭汲取知識。這麼一來，他總算有資格在孩子才智突飛猛進的珍貴時期去指引，以三言兩語點撥啟發。而為了籌備如此幸福的時刻，仍舊要仰賴閱讀、書寫、背誦、畫圖、算術；如同在工地裡工作，充滿童稚的鬧哄哄。老師用傾聽和監督的方式比用講的有效得多。「講者」就由偉大的典籍來當，上哪兒去找更好的「內容」？

34 抄寫

我曾上過一位優秀人士的課，他一會兒邊講邊摸索，讓人無法集中注意力；一會兒講得好快，而且字字珠璣。他靈感泉湧時我很辛苦，因為我認為那些輕盈妙語貴如黃金，生怕漏掉一句。無論如何，我總能立刻跟上，彷彿聽寫般似地記下他的靈光神思。這麼一來，我竟把講座課程變成了照本宣科的聽寫。另外我也還記得一位老先生，抄襲拉阿爾普（Jean-François de la Harpe）[37]的著作，也有可能是自己的發想，評論尚稱細膩，偶有亮眼之處。他朗讀或背誦，語氣和動作卻像個即席發揮的人，只差在他經常誤念字詞，比方說，把讓－雅克．盧梭（Jean-Jacques Rousseau）念成耶穌基督，結果讓思緒變得無所適從。那算是照本宣科還是即席講座呢？

家長們對什麼都驚慌，而初中生對於必須經歷的試煉則有恐怖的想像。對我而言，我一點也不覺得照本宣科不好，只要內容好就無妨；而一堂講演課程，即使講得很漂亮，如果學生只能從中取得片段訊息，我會覺得該受責難。不過，我最怕的是，像他們自己說的靈活的課程：十之八九都只是用詞粗俗的鬼吼鬼叫，還好學生的腦子裡什麼都沒留下，但時間也浪費掉了。說得不好的內容還不如乾脆不要說。說得好的，難能可貴、值得留意深思的，不該只寫一遍，而應該抄寫二十遍。書寫這件事既美妙且有益。有位經驗老到的人常說：「我所說的話應該在黑板上具體成型，並同時被記錄在練習本上。這是思考的證據，別無其他。絕對沒有一位演說家未經思考即侃侃而談；永遠沒有一位聽眾凝聽之時不動腦思考。時間會吞噬自己的產物。這就是為什麼一般會把這些歷久不衰的金句稱為思想。得到這些耐損的實物加持，思想走出陰影的國度。這就是為什麼「寫」這個動作全然不牴觸思考活動，不像人家有時輕率胡說的那樣。畢竟總要有一項活動能讓我們根據心之所嚮的思想來操控身體，而我看不出哪種方式比寫字更利於拉回我們總是漫無目的又薄弱的胡思亂想。但教學與所有實務一樣，認真思考的人根本無須多加討論。顧問，正如俗語所說，並非出錢的老板。」

37 阿爾普（Jean-François de la Harpe, 1739–1803），法蘭西學院院士，法國劇作家，但戲劇作品並不出名，主要著作反而是為中學授課編寫的文學講義。

「人們說話速度總是太快，」經驗老到的人說。「對自己和對別人而言都太快。如果我拿起粉筆，把自己所講的話寫下來，都還嫌太快。而如果因為命運的安排，我年老了之後，還必須教授一堂那種無人開口講解的課，我會想用鑿子把偉人的思想刻在大理石板上，偶爾也刻幾句我自己的想法；而每位聽眾也都有一面小板子，一把鑿刀和槌子。透過這種方式，唯一的一位學生，那位老婦人，還有她的馬車夫，才能學到點什麼。任何一位鋼琴家都會特別留意do或fa的音階，而思想家卻也許從來未曾留意他人的思想甚或自己的思想，這樣的事情豈不令人訝異？神話說得好，如果想從海神普羅特斯（Proteus）[38]口中套出些什麼，就必須先逮住祂。但是誰能抓住大眾課堂上的海神？也許，用幾行維吉爾的詩句，一次次抄寫那麼多遍，背誦那麼多遍。我們的人道主義者拯救了思想，而他們緩慢的方法與我的大理石板、鑿子和槌子，所差不遠。」

38 希臘神話中的海神之一，有預言能力。祂常變化外型，難以捉摸，只向逮得住祂的人透露未來。

35

教育督學

所有人都有聽一系列課程的經驗。有人想透過這種方法自學，而且不期望在別處找到如此呈現在眼前的觀念，他展開一場壯舉，把自己當成速記員，一個鐘頭振筆疾書。他記下一切，僅專心去仔細聽明白，並用足以表達的符號轉譯。然後，他會把整段講課整理清楚，頗費功夫。必須承認：這份重建的工作最需耗神判斷。符號給我們時間，將我們拉回，因此想像並不會使我們迷失；思想，整體而論，看起來算是熟悉。這預設的思想與將它框定得更清楚的符號，在這兩者之間，我們的思緒穩定發展，只需發想，不必創造。我再補充：即使是速記員的工作，透過這些規律簡單的動作，身體亦能無拘無束，注意力一夫當關，腦力活動自由且準確。對於聽了總是益處良多的講座課程來說，這樣就足夠了。但在課堂上有兩項必需條件：台上講演時飛快動筆，課後整理成型。哪種學生適合講座課程，一目了然。

基礎教學刻意以講座課程來進行，至少，未來的教師即以這種方式接受野心勃勃但對職場一竅不通的教育家培訓。教師依其經驗所養成的自我卻完全是另一副模樣，正如人們所料；不過他也無法全面輕視講座課程，因為有一位人物代表著抽象的教育理念，那就是督學。而督學的任務不在於看孩子們是否學到東西，而是要看教師有沒有好好工作。在這位教育家代表的眼中，如果教師占用一個鐘頭，要學生抄寫常用字和簡單的例句，而且不止一次，彷彿非如此不可，他會認為教師這份工作有點太容易。於是，呈現在不懂字義的孩子面前的，被換成了幼稚的歷史道德課，以及更幼稚的常識課。

我們很清楚，要一個小學生寫作文是不可能的。其實如果請他把一個剛聽見的單句重新建構寫出來，寫作練習不見得不好。但是，就算只有三十個學生，一個句子就要花上半個小時。教育家會認為課程沒有進度，不會善罷干休。再說，小學生還沒有本事一口氣寫下紀錄。所以，他們每個人都雙臂抱胸，眼睛盯著老師的臉，聚精會神，彷彿在他們面前的是一名雜技魔術師。這種神情其實會騙人；沒有哪種人比照單全收，頻頻點頭稱是的聽眾更呆蠢。只是，教育家督學完全不把這一切看在眼裡，他是一個前來確認教師是否好好備課的警察。監督這份職業讓人愚蠢無知，此事毫無例外。我知道，許多督學無視天候馬不停蹄，展現一種令人讚嘆的熱忱，很好，但這麼做絲毫沒有啟發作用。很遺憾地，我必須這麼說，傷這些耿直督察的心，但該說的還是要說。不得不說：在課堂上，若小毛頭沒讀書也沒寫字，這堂課就等於浪費掉了。不得不說：這些囉嗦的教育家終將使一門已經困難重重的行業變得舉步維艱，而且更過分的是，他們根本是門外漢。

36 反覆練習

如果教育家沒被其他獵物轉移目標，很可能會出現這樣的狀況：教師學到很多，學生卻什麼都不會。在孩子的腦袋裡刻印正確拼字和文法的方式只有一種，那就是不斷重複，並命令他們反覆練習、訂正，並命令他們自己改正。站在黑板前的孩子將發覺自己錯在什麼地方，在全班同學面前，拿起粉筆，重寫動詞變化。如果必須讓他明白分詞的一致性配合規則，光是寫一個例子並小心留意拼字是否正確還不夠，必須寫十個例子；而全班同學也要寫在自己的小黑板上，然後工整地抄在練習本上。這些練習大量吞噬時間，只改一個句子可能就要用掉一個鐘頭。鋼琴老師從不覺得孩子花一個小時只學到這麼一點，但教育家卻鄙視這種笨方法，不管為何所有工作坊都使用。有位女老師用二十個例子來改正了十個錯誤，一名督學卻問她：「妳什麼時候才要開始上課？」

他所謂的上課是對著三十張抬頭看她的小臉說話，以不適齡的用語講解分詞配合規則，努力集中精神，翻找記憶並扯開喉嚨，演說家和講師皆深知其苦。上課就是要耗損聲帶，引發偏頭痛；懲罰自己為一小時的課準備兩堂課的內容。我甚至可以說，每天早晨要上三堂課，下午兩堂課，而這還是在所有指令——容我實話實說，都是些凶巴巴的指令——皆被嚴格遵守的狀況下。然而我們也有不少好書，若孩子們不光是用聽的，而是輪流朗讀出來，那麼每一課就都同時變成了一堂閱讀課。我們都知道，閱讀是最難的，亦是一切文化教養的根本條件，無論我們把它想得多麼卑微。但教育家監控著，他們要的課必須口若懸河，感人肺腑，生氣蓬勃。

值得注意的是已有人做過實驗。講座課程後一個星期，聽眾幾乎已不太記得內容；而兩個星期後，更是什麼印象也沒留下。孩子要透過背誦、朗讀、抄寫再抄寫，才終於能抓到一點東西。每個人都這麼說，但端坐教室中的督學宛如劇院席上的觀眾，想聽見一段事先編妥的獨角戲，或者那種排練好的對話，由兩、三個孩子發言回應一定要回答的問題，順序都已經預先排好。然而正確的思維路線卻傾向督學永遠不聽老師的意見，只調查孩子知道了些什麼。如果我要評價的是一堂鋼琴課，我想聽學生彈奏，而不是老師；而當學生已學到該知道的部分，我便會請老師告訴我他的教育方式。但是，光從這一點就看得出來，我生來就不是個重要人物。「優秀的人什麼都沒學過，卻什麼都知道。」

37

一面背誦 一面求變

講座課根本浪費時間。做筆記一點用也沒有。我早已注意到，在軍隊裡，他們不僅用簡單明瞭的風格說明步槍的構造，更鼓勵每位士兵拆解並重組槍枝，一面念出教官所用的詞彙；沒有反覆操作反覆念字二十次以上，不會懂得步槍是什麼，只會記得聽過一場精通步槍的人演講。觀看畫技精湛的教授不會讓我們學會作畫；凝聽演奏名家也不會讓我們學會彈琴。同樣的，我經常告訴自己，聽一個話說得漂亮，思路清楚的人，並不能讓我們學會寫作和思考。必須親自嘗試，做了又做，直到如俗話說的，熟能生巧。

這種工作坊裡的耐性，我們的課堂上完全找不到；或許因為老師讚賞自己的口才，或許因為他的職場前途完全仰賴能獨自演說很久這項才華，且多半也取決於以辨別菁英為目標的教學，亦即挑出本身就會模仿和創造的菁英，畢竟的確位置有限，不是人人都有。所以應該仿效軍隊教官那種直莽的堅持，要所有人懂得如何拆解和重組一把步槍，那不僅是要教會兩、三名教官專業本領，而是整個軍隊都該知道其中訣竅。所以，如果原則上就設定把思考、說話和書寫當成人類的武器，取代用幾個月的時間在他們面前拆解又組裝所有已知的步槍系列，我的意思是，將所有說話與推演的方式都親手拆成零件，直到他們知道如何先重組成一種武器，然後再多組裝另一種。其中最靈巧的幾位一項零件也不遺漏，因為在多次重複已會做的事情之後，他們對此早已熟練，而這類指尖上的技術，永遠最難得。比方說，假設有個人想寫戲劇劇本，我會告訴他：「去當演員、提詞人或擬摹寫手；可能的話，請擔任這一行裡的每一項任務，同時請寫出二十或三十部劇本；然後才能認清你是否有本事寫一齣劇。」

那麼，用這個角度來看，一堂課究竟是什麼？現在，在聽眾面前造三個句子，讓他們聽，不要他們匆匆抄寫下來。接著，每個人都必須試著典雅地寫出這三句話。頂尖靈巧的會做些許更動，自行發揮創意；天資稍差的會出現明顯的錯誤，修改起來倒也不難。這每一份作業都要交給老師過目，並立即訂正。這麼做之後，他們將學會如何把一個句子放在另外兩個句子中間，或用第四個句子來補足前三個句子，不排除變化和自創成分。其中最好的作品可被寫在黑板上表揚，在台上做最後一次修飾整理。然後，再次地，一切都被擦掉後，必須重新開始，背誦，一面背書一面求變，尋找例子，更換例子。做起來感覺很漫長，但一份什麼都沒留下的作業又有什麼用呢？

這樣的教學法有個很大的麻煩，那就是實行起來頗為不易，但這一點從表面上看不出來。老師不能帶上一大箱改好的作業另加上二十頁備課教案，不能像個真正的工人那樣，疲憊不堪地來到教室。他必須即興演出，若遇到不懂的字，就要請人翻開字典。這一個小時會過得很快，督學會覺得馬上就能把鐘點費賺到手，更加器重那高空之中將在懸崖深淵上拉起繩索的思想家，而年幼的觀眾們則讚嘆他的身手不凡。

38

朗讀

流暢朗讀的問題既值得敬佩又困難重重。在問題尚未完全解決之前，請勿區分會讀和根本不會讀的人。結結巴巴地朗讀一點用也沒有。只要腦力被形成字句這件事占據，就抓不住文章的想法。在那些發亮的告示板上，句子彷彿一條爬出洞穴的蛇，隨即迅速爬入另一個洞穴，是絕佳的新式課程。大家都說，現在我們生活在速度的時代，被機器運作的步調帶著跑。別太誇張了：星期日閒逛的步履依舊，漫遊者、釣魚人、為一幅畫或一件古家具停下腳步的愛好者，從未少過。不過我們得到了這樣好處：不值得逗留的事物可快點做完。拼出一面布告上的字，這麼做真荒謬可笑；應該要一眼捕捉其義，而一份報紙中篇幅最大的部分也應盡速讀到重點。標題，幾個重要的字，已十分足夠。總之，必須像音樂行家解讀音樂那樣，懂得如何閱讀印刷文字。

我們仍停留在自己讀給自己聽的時期。那時，我們一面閱讀一面傾聽自己的聲音。但我們內在的這位演說家對著自己開口，只為告訴自己：城市位於五十公里之外，或者法國同胞要上演《安德洛瑪克》（*Andromaque*）[39]；那麼，他並非這個時代的演說家。他根本不懂閱讀；即使能高聲讀報給別人聽，我也不確定他是否懂得自己念了什麼，畢竟為了把聲音對應到文字已經夠費神了。閱讀這項藝術應去除這個演說的部分，在讀字時想像字音對我毫無益處，根本浪費時間。人類總如此快速地淪陷積習狀態，我不禁自問，透過高聲朗讀的練習，小學生所學到的難道不是遲緩閱讀。再說，凡是仰賴機制的腦部運作，從一開始就該以快速為優先；因為緩慢會讓我們滯留在幼稚無聊的小事上，通常是一種積習，某種癖癮。在我們的教學中，心算是一門新鮮且耀眼的項目。在這堂課上，老師，甚至學生也一起，不斷創想出各種加快速度的新方法，同時又要不犯錯。這類練習對頭腦十分有益，它不屑機械化的運作模式，站在一定的高度去管理大腦機能，掙開束縛，一如訓練學習走路、跑步、攀爬、游泳、射中兔子。

但是閱讀這件事，絲毫不求競速，仍有其穩重莊嚴。如另一種說法所言：以

39 法國劇作家讓・拉辛（Jean Racine）於一六六七年的創作，是一齣五幕詩體劇，取材於古希臘的同名悲劇，描述特洛伊英雄赫克多（Hector）的妻子安德洛瑪克對丈夫忠貞不渝的愛情。

元老的步調閱讀。人們常說：學習應該慢慢來，那才是最快的捷徑。但這種說法並未說服我。我反而發現動作快做起事來通常比較簡單。這是為什麼呢？因為，這麼做可以擺脫那些使人笨手笨腳的胡思亂想和一時的白日夢。注意力一旦被拖延，就會被轉移。在這方面，多虧戰時的偶然，我有經驗。我曾用聲音，教授完全不識字的信號兵部隊摩斯電碼。摸索了一陣子之後，我確定快速的練習能刺激注意力。這與心算的狀況雷同，速度永遠不該脫離準確度。那麼，該怎麼做？只需要好好選擇初期的練習項目，讓學徒能做得非常快且不出錯。總之，從緩慢到敏捷的訓練其實自欺欺人，取而代之的做法應該是維持速度，但從簡單到複雜進行練習。而我也注意到這種嚴苛的方法頗受喜愛，同時還能養成性格。學生學算術的方法就像在學過馬路，重點不是慢慢過，而是必須掌握時機，學著掌控自己，動作明快，不怯懦恐懼。

這些規則如何轉而應用到閱讀上？應該先讀掃過螢幕的句子，或者那些顯現一段時間後被遮住的句子；接著把剛才所讀到的寫下來。相同的練習也可以用來學習拼字。學生要一眼辨識某個字或讀懂一句話，如同要認出某張臉是誰那樣。認對加分認錯扣分，然後重來一遍。這才是個能喚醒注意力的課程。也可以用展示一面布告，然後移開的方式，目的是記下告示上的重點；這是思考練習，請注意，也是判斷練習。更遑論，透過這樣從整體探索到細節的目光，應可有效解讀散文家一頁頁豐富的內容。因為整頁文字總算同時真實存在，而且到了結尾才說明開頭也是常見的狀況。這種方式不同於結結巴巴，遇到難字就卡住，使思緒片段零碎的教法，其目的正是訓練那些有口吃障礙卻在門口爭吵，不得其門而入的人。

39

完整的頭腦

懂得閱讀，不僅是認識字母並念出一串串字母組合；而是要迅速看過去，一眼探勘整個句子，是從外部配件去認出文字，就像水手從船帆纜索認出各種船艦一樣。順理成章的部分即不需理會，直接跳到主要的困難重點，學學那些深諳讀譜的行家。然而，步調如此之快並非沒有危險，雖然其中藏有猜測的樂趣；而埋首書中，用手指著一個個母音念下去的小學生，必然難以跟上。面對艱難的拼字功課，注意力昏昏欲睡。必須加快閱讀速度，但這麼一來則又陷入語焉不詳的狀態。為認識字母而設計的巧妙方法已有不少，但困難之處根本不在認字。我不認為人們曾試圖尋找能全面啟發心智，擺脫拼字夢魘的方法。天資最優秀的幾位自然而然就能做到，而我們應該引導其他人。那些人，我打賭，經常因遲疑，對自己失去信心而落後不前。他們閱讀的方式宛如掘土，一鍬一鍬地鏟，整個頭腦被挖得坑坑洞洞。不過，我確信，用這種方式征服一個個音節的勇敢男孩，必能掘遍整部《聖經》，但卻完全沒有進展。這一行的步調依舊緩慢，在此則毫無價值。走路時，我們會一步一步地愈走愈遠；但閱讀時，重要的不是讀完一行文字，應該先全篇跑過一遍之後回頭再來。用功研究與讀字各有好處，大不相同。

在背書競賽盛行的時代，對自己的記憶沒有把握的人常稍微作弊；並非為了爭得好名次，而是想避開處罰。鄰座的同謀把書本往他那邊挪近，翻到該背的那一頁，於是只消瞥上一眼，憑著先前的記憶，就能大量接收這些珍貴的字符。雖然它們並不在良好的視線範圍之內，但大家都知道，在大致曉得內容的情況下，可以多讀到很多。絕佳的練習。我不懂為何孩子不偶爾讀一些他已差不多默記在心的文章。或許也可以師法閃爍的招牌或跑馬燈，在他一邊看的時候，文章一邊消失。哲學這個詞，有如一座想用雙手緊攀卻難以抵達的暗礁，但整個詞又像一輛兩輪車或一個火車頭那般容易辨識。像這樣一個詞，若以閃電的速度完整顯示，閱讀者比較容易抓住；他能判斷，能夠掌握。一個短句，甚至只是驚鴻一瞥，看著它顯示又立即消失，重複幾次之後，也能很快判讀出來。頭腦經過這種遊戲訓練，應能適當地戒備追蹤。此後閱讀者完全不急著捕捉音節，會應用那種快如閃電的瞬間判斷；而這種判斷力，文盲有時在其他事物上發揮得如此敏銳。注意力做好全力以赴的準備，彷彿伏身躍起。學習閱讀，同時也學習思考，兩者絕對密不可分。話說，單單一個音節根本不具意義，就算成了一個字也令人完全摸不著頭緒。字詞的意思要根據整個句子來解釋。

搭公車時，我跟大家一樣，覺得讀反貼在玻璃車窗上的標語很好玩：那時我的狀態跟文盲很類似，因為我能輕鬆認出每個字母，但整個字詞看起來很陌生。我拼出字音，卻始終沒有那種如此輕易可得，沒有人會特別注意，讓我能像認人臉一般認字的那種即時同步的感受。而如果我習慣從各部位來辨識人臉，如下巴、鼻子、眼睛等等，那就絕對認不出一張臉。至於其他的，如果我們思考的規則是從細節考慮到整體，那永遠也想不出什麼；因為所有細節都被分割，沒完沒了。完整的頭腦，才是才智。因此，無論如何，拼字認讀很可能是一種十分糟糕的起始方式。

40
閱讀，再閱讀

沒有人能思考自己正在說的話，因為他的思緒與口吐之言分屬兩回事。聽聽人們的閒聊，思考總是慢一步。我正在說的話蓋過我剛才說過的話。大家都曉得有些人總是一邊說話一邊思考。演說基本上沒有節制，因為就某種意義而言，它是一直持續下去的，每段話都根據前一段話出口。但所謂某種意義指的是什麼？與一個動作接著另一個動作是同一個意思。光是這樣一個舉動，人就可以把張開的雙臂再收回來。就像這樣，但連串配合的是幾個較隱性的器官，一個字接著一個字，閉口音接著開口音，舌顫音接著擦輔音。我清楚聽見他的思緒，如果可以這麼說的話；那是因為他的嘴巴不可能保持同一個形狀，喉嚨也不能以相同的方式振動。這段發言受到調節，有如永遠搖晃著的大海低聲呢喃。這種健忘的記憶易造成各種爭吵。

關於教育的一切發想都貧乏可憐，因為對於思考其實很困難這件事，探討不夠深入。人們讚賞童言童語，覺得像是小鳥歌唱，不明究理，純粹模仿，還能模仿訓練有素的老百舌鳥——我指的是發問考核的重要人物。這些聰明靈巧的協奏讓人難以等閒視之；每一份機智皆只為另一份巧思運作，絲毫不獨善其身。若孩子未能精準重複他自己所說的話，沒有去想自己正在說的話，也就是說沒有思考自己的想法，他其實等於什麼也沒做。於是我們看到無知的人們，追求知識，卻借重俗諺那種天真的詩句，句型中的數字與疊韻宛如發揮了才智的標記。這樣的思想愈來愈穩固，卻絲毫沒有發展。格律完美的詩依然封閉人心；這樣的詩限制思緒，不讓它自由。

能跨越的是散文。散文排斥可吟唱的記憶。凡散文皆需用讀的，因此懂得閱讀即是一切。眾所皆知，會讀書的人就有能力自學新知，但懂得閱讀的好處絕非僅此而已，更在首次閱讀那一刻，在悟到人家在說什麼的那個珍貴時刻，在擺脫記憶與迷惘的那一刻，得力於書這項物品，白紙黑字，恆久不變。書本是我們自身思想的模範：存留下來的即興之作，定型的自由。保存的工作不再仰賴節奏，而是透過具體實物。因此我得以體驗一種在測試狀態卻不會迷失的思考。

諺語、詩歌和不可變動的敘述文曾一度盛行。那是有信仰的時代；相信的對象是真是假一點也不重要。古老的寓言故事裡找得到所有該有的好觀念。但是，迫於記憶之必要，再加上憂心偏離正軌，人的頭腦仍是身不由己的奴隸。也許應該這麼說：古老的智慧中根本沒有希望這一項，永遠走同樣的路，達成同樣的目標。同樣的秩序，同樣的速度，同樣的休憩，這就是記憶的國度。閱讀首先改正的就是對思慮不周的害怕。用眼睛來讀，體驗那穩定不變的物品，大致探索，然後回頭重來，一次讀得比一次完善。在此，冒險的想法得到支持，從書寫藝術的觀點來看，希望開始萌芽。在練習中應混合閱讀，再閱讀，抄寫，模仿，訂正，重抄，我甚至想說刻印；瞄準這樣的目標。畢竟，為何孩子不能為自己被重讀過、改正過、清理過的想法，塑造如此周延均衡的想像？再說，書寫的時候，模仿印刷字體總是有好處的，因為刻印在腦海的文字現在正是領導心智的國王。像這樣，持續依循著古老智慧的規則，絕不更動想法，我們漸漸學到如何一面保存一面改變：懷疑與相信並存於同一個舉動。

41 當書的助手

老教師這個人經驗豐富，常對他的年輕助手們耳提面命：主要原則就是閱讀再閱讀。「無論歷史、物理或倫理道德，必須永遠尊書本為首席教師，而你們，你們則要當書的助手。首先你們自己要服膺書本，清晰地，鏗鏘動人地，以身作則，高聲朗讀；接著讓孩子們重讀這一頁，多讀幾遍。確認每個學生都有小聲念出來。然後，為了讓全班的注意力保持清醒，要經常換人朗讀，而且隨機點名。我承認這並不好玩，但我們來教書不是為了好玩。」多虧這套嚴格的方法，這附近找不到半個不識字的文盲。督學們也常到這區來致意。

有一天，一次來了三位督學，按地位高低一字排開，老教師在旁作陪。年輕老師一點也不怯場，儘管如此，他卻沒有勇氣聽班上的小小人兒把課文念得斷斷續續，也不敢好好講解齒音、舌顫音和喉音。不過，這堂課上讀的是歷史，他從那篇文章出發，講起了故事；所有孩子都睜大眼睛，熱切地望著他，兩手空空地擺在書上。於是，北方的諾曼人（Normands）駕船抵達，戰鬥，掠奪，協議，聯姻依序上場。還有好國王侯龍（Rollon）掛了滿樹的珠寶、城堡、封侯，國王徵召的附庸軍和後備軍、燄形旗和盔甲紛紛出籠，儼然一齣歌劇的布景。他甚至在黑板上畫了一幅塞納河的地圖，而在蜿蜒的河邊，陡峭的河岸上，彷彿可見諾曼人如螞蟻大軍奔跑攀爬，而另一方的蟻群嚴加戒備。這另一種型態的教法讓孩子們學得津津有味，讓人相信他們的眼睛會說話，且將部分感激之情傳達給了三位享有特權的長官。

「好生動的課。」三人中年紀最大的那位說。「我也正想說呢！」第二位督學發表了這樣的看法；第三位也點頭同意。於是最老的那位又說：「必須引發孩子們的興趣，一切全憑這個。」總之，兩位教師得到各種讚譽，孩子們放了一天假。

當天晚上，老教師對那位年輕老師這麼說：「這招一下子就消去了三期《十字報》累積的效果。我們那些長官可是非常畏懼那份報紙。而我覺得你下定決心娛樂那三位老頑童的做法挺不錯。他們其實是弱者，為他們可憐的虛名汲汲營營，未曾用心學習這一行的精髓。適合小孩童的就適用於老頑童，但是，我的朋友，對年輕孩子要用適合成年大人的，也就是說，辛苦的過程不會事先得到報償的專注力，以及一門結實累累的技藝，季節到來自然長出熟果。俗諺說得好：凡美好之事皆難；而只把小提琴當娛樂的人永遠不懂小提琴。再說，如果今天那群小鄉巴佬中冒出某個人來，流露輕視你、輕視我和那三位先生的樣子，我也不會訝異；因為他們的父母絕不會教他們要多麼敬重販賣娛樂的人和展示圖像的人。真正重要的事不在於啟發這些小傢伙的聰明才智，因為他們的腦筋快得不得了，而在於根據印象來調整他們頭腦：那是我們的殿堂和我們的大教堂。以不朽之作換取不朽之作；不，說得更貼切些，是在不朽之作之上再添不朽之作。幸好，口才取勝的時代已經過去。」

42

高聲朗讀

有人指出：文盲數量眾多。但否則能是什麼狀況？初級教學的課程方案已不僅荒腔走板可以形容。小學成了短期大學；老師只有一位，先是被要求無所不知，還要負責在半個小時內把所有知識以講課的方式說出來，在此之前他必須把所有授課內容寫在好幾頁紙上，宛如講座教授一般。事實上，老師很快就忘記如此野心勃勃的教育理想，不過他學到了專業門道。當他的學生學會讀書、寫字和算術時，他頗為滿意歡喜。然而一個由能言善道者組成的委員會追根究柢，探求在課程安排中，是否遺漏了某些學了會有好處的知識：衛生保健、農業、廚藝、物理、化學、社會學、倫理道德、美學等等；而那些說大話的人還以為自己有所成就。

有些老師，尤其年輕一輩的老師，樂於發表演說；而學生們也同樣樂於聽講，這是掩飾怠惰的花招。根本沒有人能靠聽課學到東西，真要學習就必須閱讀。因此，假如某個地方設立了一所現代學校，精準地遵守作息時間，課程的設計聰明靈活，用淺顯易懂的經驗說明；假如那裡的孩子讓人看見的是他們入神不動，是他們眼中熱烈的火焰，是一切著迷者專注的徵象，你可以確定：那所學校裡的學生完全不會閱讀。能言善道的人根本不會去體驗閱讀，他們認為這項功課太漫長、無趣，配不上他們。評斷小毛頭是老師的事，評斷老師則是督學的事。也因此督學將高高興興地聽到一些關於心臟或肺部的課程，配上幾塊肉鋪的插圖。文盲當然會對這些東西感興趣，甚至從中記取部分簡略而無用的真相，只是他仍然不識字。

寫字和算術，這兩樣事很快就能學會。閱讀則真的困難。我的意思是輕鬆、迅速、不費力氣地閱讀，使心神可以脫離字母，將注意力集中在字義。我認識一個文盲，約是可當兵的年紀，立志學會閱讀，艱辛地做到能拼字的程度。當他的一位同袍問：「你那份報紙在說什麼？」他回答：「我根本不知道，只是讀出來而已。」那是因為他完全忙著把字母轉譯成發音，這件事占據了他所有思緒。這是一個必須克服的時期，此時他是閱讀的奴隸；不過，一般而言，成年人根本克服不了。小孩可以，前提是要再三苦讀。如果到了小學畢業，他的讀字仍含糊不清，結結巴巴，那麼他對閱讀就再也不會有一丁點興趣，甚至會把以往所學會的一點點都忘光。

如果我是那群能言善道者的頭子，我會馬上把小牛心和小牛肺都送還給肉販。所有課程都用閱讀的方式來上：他們會讀歷史、地理、衛生保健、倫理道德；如果這些讀本都只讓他們記住閱讀技巧，我認為這樣也就夠了。我會把所有以口才取勝的型態趕出學校，就連評論已解釋過的課文也不例外，那麼做根本毫無目的可言。他們要閱讀，再閱讀，每個人輪流高聲朗讀，其他人則低聲跟著他讀。老師要負責監管，會有頗多事情要忙。人家給他評分會來自於根據他的學生們知道多少，而非他本人知道多少；我不會問學生是否懂得一些大革命的歷史，倒會問他是否能讀米樹勒（Jules Michelet）[40]，是否能像一位優秀的音樂家讀譜一般地，輕鬆自在，充滿樂趣，以觀眾自居。可惜，對於四度音程、五度音程、旋律與和諧，我雖然知識豐富，卻是某種音樂文盲；我完全不是在讀，只在拼字。少了這初步的知識，只有在孩提階段能吸收的知識，其他高深的學問對我而言幾乎毫無用處。

40 朱爾．米榭勒（Jules Michelet, 1798–1874），法國歷史學家，被譽為「法國史學之父」。他的歷史著作充滿文學風格，散文中又盡顯歷史學家淵博的學問。著有《法國史》、《法國革命史》、《人民》、《女巫》等書。

43 大眾教育的文盲

請構思一座公立學校，在那裡，到了一定年紀的孩子被分為六個班，每個班一名教師。我毛遂自薦，擔任觀念學者，並負責督查。我發現這六位教師的本領各有不同，於是決定每一位都只教他最擅長的科目。這很合理。於是，其中一名教師一個班一個班地去教書寫、畫圖和幾何；另一名教師則穿梭各班，口若懸河地講演聖女貞德和騎士拜亞爾（Bayard）的事跡；又一名教師負責法文語法，還有一名則負責倫理道德課。所有稍微算是內行的人都會公布成果，而預言早已認定，成績必然惡劣。此話怎講？那我們就來講講為什麼吧！潛在原因不容忽視，它們是難以克服的關卡。

此處的問題在於紀律，唯獨紀律而已。在一個每天見兩次面，共有四十名學生，而你是唯一一個維持班上秩序的老師，老師這份工作，尚且是一份可以從事的行業。當你一週只出現一次，每次只教授某種特定事物，維持六個班的秩序，老師就成了不可能從事的工作。中學教師們對此皆心知肚明，只是不願主動承認。如此有學問、深諳本行門道的人，理應得到每日相見的本班學生尊敬，當之無愧；同樣這個人，如果他的任務也是一週須教別班學生一個鐘頭法文，必然遇上難題。在最好的狀況下，他能與那些陌生人訂定某種屈辱的契約：他能在安靜的環境裡講話，學生則各自做其他的事。時間浪費了，教師默默惱怒起來，疲憊起來，沒有幹勁，沒有勇氣。這些浪費掉的鐘點算誰的呢？但大家完全不討論這件事。

還有更糟的，是的，更糟：有時候，本班學生裡和哪個外來團體可能混雜在一起。正常的情況下，一群從來未曾習慣共處的學生們聚在一起，絕對出現混亂。原因是什麼誰都能輕易猜到。就在這種時候，人們所謂的併班，應該會結出苦果。大家都知道，沒有人有絲毫懷疑。不過還是有人做了試驗，因為如此精準預測到的失敗理由，他們根本不想說出口；也因為決定進行試驗的人裡面，有部分書教得很好，卻已不再繼續；剩下的人當中，有部分教得不好，於是轉而選擇行政工作；另有部分決定者則是官僚，從來沒有教過書，也根本沒有這個本事，恕我稱他們為大眾教育裡的文盲。這些人，某種程度而言，有如士官長，知道一點例行法規，行政方面也很在行或者也很不在行，管理著船隻、船閘、劇院、部隊糧食或國寶皇室家具。這類人，甚至其他人，一旦在這個奇怪的行業有點資歷後，只需開一個班，一個學歷夠格且負責任的教授，上八到十個小時的課程即可。兩個小時的法文課用一個蘿蔔一個坑的方式計算。如果出現這兩個小時不夠的狀況，可以再加一小時，恰好符合另一位鐘點不足的教授之所需。然後，資料文件上，一切圓滿。

中央行政單位難道從不另求上進？無論是法國劇院、一家收容所、一座游泳池、一座監獄或一所學校，眾所關心的還不都是年資、晉升、頭銜、優待、關說、信譽、積蓄與鐘點？聽眾與檔案，部門間的鬥爭，法規諮詢站，前例參考，永遠是同樣的無知管理術。魚雷艇、飛機、餐廚、領退休津貼者、殘障人士、戰爭損傷、疫苗施打、橋梁、堤道、淹水，一切皆然。這一切都營造出某種抽象的工作，所有行政人員都能立即了解，但其他人都不懂的工作。

44

凝聽、背誦與高聲朗讀

假如我是初等教育部門的首長，我提議，唯一的目標，即是教會所有法國人閱讀。寫字和算術也算在內。不過這是水到渠成的事；而我倒認識一些人不會認字，算術能力卻強得很。真正的難關，在於學會閱讀。至於物理、化學、歷史或倫理道德等課程，我認為，在尚未讓學生有能力閱讀物理、化學、歷史和倫理道德之前，上那些課完全荒謬可笑。我的意思是用眼睛閱讀：對我而言，這定義了一個發揚人性的時代，正是我們剛剛進入的時代。

凝聽、背誦，甚至高聲朗讀，對仍然野蠻的心智來說，是一種紀律，最完美的表現即是彌撒和誓言。關於對談討論，人們已諸多著墨；這些活動時常造成妨礙干擾，從來沒有幫助，不朝真正的理性進行，也就是說，我們應固守自己的意見，不靠任何隱喻，而是持續身體力行。凝聽，等於一直往前跑，永遠不能回頭；或者必須停下腳步，學習，也就是重複練習。機制自然組織成型，我們被習慣所牽制。一旦我們偏持某種意見，這意見就會在我們的腦中扎根。是的，一旦某種意見對我們來說實質可靠，它也就具有力量；我們會不由自主地去把它描述出來。

不過實際作用遠遠不僅於此而已。身體投入，情感就會跟著投入。發言得以暖身。說話從來沒有不伴隨姿勢的，特別是在需要大聲一點，壓過最基本的嘈雜時，總難免有氣。這麼一來怒氣又會扭曲意見，更遑論在感染之下，這股氣還經常爆發，甚至說話那人也會流露出來；畢竟演說者透過身體的訓練，持續不斷地說服著自己。這些可畏的力量總從旁捍衛雄辯之才，已長期主導世界歷史好幾個世紀。而那些落人於最後的人們卻仍然相信話語的神奇，因為他們根本沒有釐清那錯綜複雜的原因，殊不知話語的效果與其內容意義不成比例。

用眼睛閱讀則完全是另一回事。此時，意見已定型並已表達出來，如同一件物品。我不必再耗費心力為了支持它而反覆重申；我面對著它，不需激動，不需像個瘋子似地用我的一口氣去延續它。我可以不止一次地思量這則意見，所有部分都不放過，不必擔心跟不上自己的講詞或他人的講詞。我可以先把它擱下，然後重拾；我可以採用它，但它不能掌握我。這項裁決的功能，即使對象是我自己的想法，我亦能先以會計師，或代數學家，或幾何學家的觀點去執行。我的想法是物，就在我的面前，我可以測試它，證明它；更好的是，一個星期之後，它仍完好如初。而所有思想都應經歷這樣的試煉。思考應從眼睛做起，而非耳朵。

所以必須培養孩子這種用眼睛閱讀的能力，也就是說，首先以流暢的閱讀為目標，然後超越。然而我們的小學生讀得斷斷續續。他們較擅長聽講、背書，卻不懂應用。因此，驢帽子上的長耳朵，其意味之深長超乎人們所能想像。

45

重讀原著

當人家告訴我他有一套《文化通識文庫》，我便急忙去翻閱，滿心以為能找到美妙的篇章，珍貴的譯作，所有詩歌、政治、道德家、思想家的寶藏。結果完全不是這樣，而是一些教育程度很高，看來也的確很有涵養的人，將他們的文化分享給我。然而文化根本無法傳遞，也無法扼要說明。所謂有文化，每個領域皆然，需追本溯源，親手掬水飲下，絕不假借杯盅盛裝。永遠採用開創者制定的想法原貌，寧可隱晦也不要平庸，永遠偏好美而非選擇真，因為判斷總要靠品味來闡明。更好的做法是，選擇最古老的美，它最經得起考驗。因為，判斷一點也不該用來傷神苦惱，而是該用來執行。美既然是真之表徵，是每個人身上那份真之首要存在，所以，我應該從莫里哀、莎士比亞、巴爾扎克的作品去認識人類，而不是光看幾篇心理學的概要就好。而我甚至一點也不希望有誰把巴爾扎克對各種熱情的想法濃縮成十頁文字給我看。天才的見解皆來自他所描述的那整個半明半暗的世界；我不希望和它之間有任何隔閡；因為，從明亮到昏暗的這段過程，正巧是讓我涉獵事況的途徑。我只需隨詩人或小說家起伏運動，那是有人性的運動，正確的運動。所以終究要回歸經典。千萬別想只讀節錄篇章，那些段落只有一個用處，就是促使我們回去重讀原著；而且我要強調，是沒有注釋的原著。注釋是攀附於美的平庸，人應抖落這條寄生蟲。

科學的領域也一樣。我根本不想要最新發現，那絲毫沒有培育文化的作用；對於人類的深層思考來說不夠成熟。通識文化拒絕第一次出現的全新的事物。我眼見我們的業餘愛好人士紛紛撲向最新穎的點子，一如搶聽最新上演的交響曲。朋友們，你們的羅盤指針即將失靈亂轉。專業領先我太多。[41]現代的管絃樂團本已編制過度，高調張揚，而行家竟還在樂團中引入獨特的噪音，讓我驚訝，令我困惑，不知所措。年輕的音樂家頗像最近那些發表時間與速度悖論的物理學家。因為他們說時間不是獨一無二的，也不是絕對的；在某個速度範圍內，時間確實唯一而絕對，但當討論的速度接近光速時，就不再如此。因此，兩點相遇時，相

41 作者主張教育場所中不該引進最新的發現，因為那些學問太新，立論還不夠普及穩定，只有專業行家懂，別人還跟不上。

遇的時間對兩個點來說是否為同一個時間，已不再理所當然。這簡直是《斯基台人組曲》（*Symphonie scythe*）中的鴨子叫，以奇怪的雜音博取驚訝注目。

物理學的交響樂手們想用這種方式震撼我，但我摀住了耳朵。這時候該重讀廷得耳（Tyndall）[42]的熱學講座，或法拉第（Faraday）[43]的電磁學論文。這些理論已被證明站得住腳。我上文所提到的文庫應該給我們此類作品。而且我有個建議，如果你們想當個認真正經的物理學者，請在大桌上翻開某部這樣的論文，然後用你們自己的雙手，實作論文中描述的實驗。一個做完做另一個。是的，這些古老的實驗，人們說：「早就眾所皆知」，卻從未真正操作過。徒勞無益的研究，絲毫不能為索邦派的晚宴增光。但是，要有耐性。給我十年，讓我來主導，推廣我的樸實研究和不流俗的閱讀書單，索邦大學那幫人將遠遠落在後面。

42 編註：約翰·廷得耳（John Tyndall, 1820–1893），英國物理學家，發現光的散射現象，也就是著名的「廷得耳效應」。

43 編註：麥可·法拉第（Michael Faraday, 1791–1867），英國物理學家，歷史上最具有影響力的科學家之一，以發現電磁感應而聞名。

46

《特勒馬庫斯歷險記》

有人問我有沒有能讓小學生流暢閱讀，且擺脫苦苦道德勸說的著作，我回答：「那麼你可以試試《特勒馬庫斯歷險記》（*Aventures de Télémaque*）[44]」。真有人做了試驗。同一時間，我更仔細地檢視了芬乃倫（François Fénelon）[45]這部無人不知無人不曉的名著；全盤考量之後，我想不出有哪部作品更適合。這部優美的散文神聖純潔又可親，不似今日散文家的精鍊和刻意，那一點也不適合兒童。各式各樣的人、神殿、市集、旅行、暴風雨、好國王和暴君、立法者、祭司、戰士，整個古代的智慧，那整個孕育出我們今日文明的地中海世界。完全沒有基督教義的痕

44 法國天主教神學家芬乃倫於一六九九年出版的小說，給他的學生——王儲勃艮第公爵當教材。藉由《奧德賽》中的希臘神話人物特勒馬庫斯返鄉尋父的故事，抨擊當時的君主路易十四。

45 法蘭索瓦．芬乃倫（François Fénelon, 1651–1715），法國天主教神學家、詩人和作家。寂靜主義的主要倡導者之一，曾擔任宮廷教師。

跡，而是赤裸裸的異教信仰（paganisme）。懲罰壞國王的是米諾斯（Minos）[46]。這樣的人性表現什麼也不缺，我們的形象正是如此。而對年幼的頭腦來說，保持距離遠觀一種古時候的宗教並非不重要的小事，因為沒有人會試著去信以為真，而那宗教其實是包裝普世道德的一層外衣。於是判斷經過靜心凝思洗禮，完全脫離那種嚴肅乃至狂熱的類型。

天主教義也悅目舒心，而且從不再信仰的那一刻起就變得美好。但孩子們完全不能體會這一點。應該讓他們喜愛凡人之過，但不可迷戀；應讓他們從中感受詩意。這樣的不迷信滿載恩典，輕鬆無負擔；跟孩子學故事一樣。只是，故事裡的事蹟想必屬於比較久遠的時代；寓意比較抽象，也比較無關政治。異教的特色在於這種社會宗教與神祇的階級，基於一種無可避免的反應，會在我們的思想中醞釀出形而上的宗教，甚至積極正面的政體。經歷所有這些時代對成人來說是件好事。請注意，如果不懂異教，誰也不能如當今這般評論天主教義。這些恢弘的世俗觀點，卸下我們不敢否定教義之束縛，同時鼓勵我們去了解教義；而我們這個時代的小學生卻恐怕沒有機會接觸。

至於真格的想法，在這本樸實的書中，豪放不拘的和新穎的皆有，你想要多少有多少。首先反戰，人類對戰爭感到羞恥，嚴詞抨擊；關於所有戰爭的原因，近乎完美地分析：書中可察覺野心熱情的技倆，為深藏不露，總試圖援引利益或需求。這些發展正是當今和明日的模式：父親從農地或工廠回家後，自然而然地從兒子的書裡讀到這些。他翻著書頁，也造訪了復興重生的薩蘭托（Salente）[47]；他再次尋回，萬年不變的，共產主義大夢。每當人們感受到貪婪與野心之桎梏，總會老調重彈。蘇維埃政體共享農地，那正是伊多墨紐斯（Idoménée）[48]聽了曼鐸（Mentor）[49]的建議後想做的事。烏托邦施行於做農產與商販的小世界，並且宛如遙不可及的太陽一般照耀著它。所有的觀點都在探討交易、市集與公有財富！更精彩的則或許關乎部會首長、特權人士和逢迎拍馬的奉承者。此書除了講做人的學問還外加懺悔投誠的藝術，卻絲毫沒有講堂老學究的痕跡。芬乃倫這位高級教

46 希臘神話中的克里特之王，宙斯和腓尼基公主歐羅巴之子，古希臘的米諾斯文明就是以他命名。他是冥界三判官之一。

47 位於今日義大利亞平寧半島東南部，伊多墨紐斯所建立的國家。

48 希臘神話故事人物，米諾斯的孫子，參與特洛伊戰爭的勇士。

49 希臘神話故事人物，特勒馬庫斯的導師，後來成為良師益友的代名詞。

士的作品中有一種青少年的優雅。他自身的人道精神貫穿整個天主教義，也早已行經異教。芬乃倫屬於那種直信不疑，大膽向前的人；或許他神祕的心靈已超越上帝。不過在此書中，他保持孩子的童心，將所有思想重調至適合孩童的年紀。這種繞道而行的做法引領伏爾泰筆下的故事盡可能繞到最遠。在我看來，很清楚地，伏爾泰在寫《薩迪格》（*Zadig*）[50]的時候，腦子裡有《特勒馬庫斯歷險記》的記憶。有沒有哪位文獻迷願意搜尋證據？對這本古老的教科書來說，那將會又一記錦上添花。不過它其實不需要，只要好好閱讀它就好。

50 伏爾泰於一七四七年出版的哲學寓言。

47

《殉道者》

讀著夏多布里昂（Chateaubriand）[51]的《殉道者》（*Les Martyrs*）[52]，我突發奇想，覺得這本書應該很適合我們的小學生。《特勒馬庫斯歷險記》是一本異教思想的書，自由開放的頭腦很容易接受；至於《殉道者》，應該會出現一些抗拒，儘管抗拒不太站得住腳。如果希望我們的男孩女孩具備一些人類史觀，就不能要他們忽視天主教義；而天主教義的真理與取而代之的異教道理密不可分。兩者間的轉承非常重要，至今仍主導著我們的風俗，標記在我們所有的想法中，無一例外。一個

51 弗朗索瓦－勒內．德．夏多布里昂（François-René de Chateaubriand, 1768–1848）法國十八至十九世紀的作家、政治家、外交家、法蘭西學院院士。拿破崙時期曾任駐羅馬使館祕書，波旁王朝復辟後成為貴族院議員，先後擔任駐瑞典和德國的外交官及駐英國大使，並於一八二三年出任外交大臣。一生旅行流亡多處。著有小說《阿拉達》、《勒內》、《基督教真諦》，長篇自傳《墓畔回憶錄》等，是法國早期浪漫主義的代表作家。

52 一部基督教興起時期的散文體史詩，發表於一八〇九年。

孩子不該對人類史上的這一刻一無所知。試想一下若有一位富家子弟，提起這個世界上的光源和熱源，他只知道電燈泡！他所能學到的知識將模糊抽象，因為過於直接。電燈泡這項物品所代表的是，無論觀念上或實際上，在它出現以前，有一連串比較簡單的嘗試，先有玻璃、有碳、有火、有燧石，還有太多我記不完。我們所有的思想、理論和行事亦然，共同發展出天主教義，而天主教義又發展出異教信仰；就像我們對異教信仰的了解首先是透過斯多噶派甚至柏拉圖的預測，就像今日仍能從布列塔尼亞的迷信習俗見到的，如此自然而然地融入聖人、聖母和三位一體之信仰。但隱喻誤導了我：在附屬的多神論中得以實現的其實是天主教的形而上學。從來未曾就這方面深思冥想的人不知何謂人性。

在此，夏多布里昂是一位好嚮導，也許是最好的，因為他詩意的凝思為所有事物找到該有的位置。一方面，家庭的新組成，對奴役制度的譴責，面對人心而轉變的戰爭喪失了地位，那整個美好的未來，一切都恰如其分地得到宣揚。但在另一方面，異教信仰絲毫未被變形扭曲；狄默多庫斯（Démodocus）[53]，荷馬史詩中的教士，其可敬的程度一點也不遜於聖濟利祿主教（Cyrille d'Alexandrie）[54]；而維蘇威的基督徒隱士有著斯多噶派的外表與行事準則。天使的天堂與魔鬼的地獄主導人類的鬥爭並處處散布難關，一如《伊里亞德》（*l'Iliade*）的眾神。從這部敘事似乎即可看出，勇氣、貞操、正義，在古人心目中的價值似乎不下於我們現今的推崇。就連天主教的狂熱激進也沒有一絲修飾遮掩：在這部作品中，可見到忘恩負義的小孩打保母的場面被自然呈現，而這正適合用來說明人類的進步。天主教的狂熱一直都被引用，但由於熱情的能量而經常被不當使用。

我欣賞那種保持距離的精神力量，也欣賞即使發誓忠誠卻仍願旁觀這派宗教的人。這樣的人有高度，他想稱之為冷漠，但其實那來自睿智的洞見。這位旅人，他有人性情懷且孑然孤獨。拿破崙在前也面不改色，他宣告共和政體的來臨。然而，他的忠心無可撼動：對於合法繼承的國王，這同一個人寫道：「我不相信國王。」我在《殉道者》中找到一段美妙的話。基督徒厄多爾（Eudore）脫下大衣蓋在一個窮人身上。「你那時大概相信，」異教女說，「那個奴隸其實是哪個神祇假扮的？」「不，」厄多爾回答：「我只把他當成一個人。」

53《奧德賽》中的吟唱詩人，常被視為荷馬本人。

54 四一二—四四四年間，在羅馬帝國的統治下任職亞歷山大宗主教。羅馬天主教、東方正統教派和東正教尊之為聖人。但他強硬驅逐亞歷山大城中的猶太人，打壓其他教派，後世認為他是具爭議的人物。

48 曆書

鄉下農人讀曆書。對他們來說，哪有比這個更美妙的事？即將到來的每一天、每個月、每個季節，皆為他們的計畫插下標杆。對於接下來的一年，他們預先知道了某些事。首先是固定不變的項目，也就是星辰的遠離與回歸，它們構成年曆的骨架。一年，這是星子們繞一整圈的時間。我還記得曾在去年看到獵戶座：那個彷彿綴有一條腰帶及佩劍的大四方形，懸掛在西方的天空上。還有獅子座的心臟α星（Régulus）就在我的頭頂正上方。一年過去了，我再次看見它，彷彿在掛鐘鐘面上看到剛過了一個鐘頭。星辰也標記時辰；維吉爾作品中的領航員都跟隨北極星附近的大熊星座。這星座的運行既能指出時辰又能指示季節。一年之中，大熊星座在子夜的方位剛好整整繞一圈。現在這個時候，夜幕初垂，大熊星座幾乎在天頂；這只大指針標示四季，烏鶇啼叫的時節，水仙開花的時節，年年如此。要解釋天空中繞轉的大熊和築巢鳥兒之間有何關係並非簡單小事，但一切還是必須先從注意到這份關聯開始，依我說，甚至要從讚嘆其存在開始。我想農人有點過度忘記抬頭望向星空，那道目光教人類學會最簡單的法則。古人知道，牧夫座的大角星（Arcturus）會在春忙時節出現，在寒冷多雨的季節逼近時消失。這門農事科學逐漸被抹滅。勞動者讀報紙，曆書在城市裡印製，內容不再是天體運作的月份，改為我們畫出一格格沒有顏色的週間和禮拜日，依據的是商業作息和各種期限。還好，大自然也歡度聖誕節和復活節；還好聖枝主日[55]的日期已寫在樹林裡。儘管如此，城市的年曆仍是另一種曆書。在我夢想的曆書中，要能看得出一年的運轉，這等於對未來敞開大門，擴大希望。如果人類持續將工作與這片遼闊的宇宙相連，應能更接近詩人，更心胸寬大。

將星子運行的軌跡結合太陽的週期：日升，日落，在天空中的高度。此外，也結合月相，不是枯燥的數據，而是詳細的描述，讓人在想到滿月時不可能不想到太陽在對面，在地球的另一邊。讓我們也畫出行星的路徑，用以說明這顆星星會宣布首波寒流到來，另一顆星星則預示秋葉即將飄零。

55 編註：又稱基督苦難主日，復活節前的禮拜日。

時序的預測永遠不是那麼準，我會做一點犧牲；或者反而應該根據季節，僅做粗略的預告，那麼大體來說我永遠是對的。至於細節，我只描述可能的狀況，像是三月偶陣雨，六月雷電交加降冰雹；用鮮明的意象綴滿接下來的整個年度是件好事。為應付天候的善變，我加入鳥兒的歌唱，牠們的啼唱幾乎與星辰一樣規律。擔任先知並不需要冒那麼大的險。

至於農地和花園裡的工作，整本曆書裡都有足夠的討論，而這也是最美好的。如果再加入最準確的化學和醫學建議，這份年曆會是一本美妙的好書。夫復何求？一部好的區域地理，從地質構造出發，描述水文發源、河川、岩石、洞穴，同時包含農產和工業製造、交通及物價的觀點；最後要有人口移動、遷出、移入等方面的精確觀念。為了解釋完全無法用其他方式解釋的事，故事自然產生。在我的期盼中，這一本書應十分容易閱讀，紙張精美，並像《聖經》那樣堅固耐用。親民的朋友們若有空有閒，這正是一項值得去做的好工作。

在這樣一部美麗的曆書問世以前，我倒希望大家先在學校裡嘗試做一本，寫在漂亮的筆記簿上。那將是學習各種課程的好機會，無論詞彙、拼字、計算、天文、物理、化學、自然史，甚至說穿了，就是判斷力。比方說，現在正值全國更換夏季時間，到處盛行測試，於是我想提議這樣一個寫作題材：「四月十二日到四月十三日的夜晚，一位火車站長的困境」。我也想到可以計算來年的聖誕節和復活節會落在那一天。在此，日常行事偏離軌道，需要持續思考。在做這項活動的時候，如果把牆上影子的移動行跡標上記號，一季一季下來，就會發現科學又變回一株生長在農村的植物，在每扇門上投射出美麗的形影。

49

無聲的聽寫

許多孩子遭遇拼字之困難，辛苦奮戰；家長們大為意外。老師偶爾會認為強調正確拼字是一時潮流，終會過去。文法課本提醒：高乃依、塞維涅夫人（Madame de Sévigné）[56]和鮑蘇埃（Bossuet）[57]皆曾依據自身的幽默或奇想拼寫聲音。我們偶爾會讀到哪個改革派的大膽先鋒，把哲學（philosophie）寫成 **filosofie**，綜合（synthèse）拼成 **sintèse**，依此類推。這些新式寫法必須被大聲念出來，就某種程度來說，要大聲唱出來才讀得懂，類似要聽懂音樂的做法。

你有時會觀察一名穿著還算得體，舉止也過得去的人，他一面看報一面喃喃自語，宛如本堂神父在念日課經。神父這麼做乃出於戒律，而這種規範有多層意義。然而另外那人只是平庸的讀字者，必然沒什麼文化；讀出聲音這項表徵不會騙人。一個真的懂閱讀的人使用的是雙眼而非雙唇。他能根據字的形貌來認讀，如同航海瞭望員從煙囪就能辨別船隻。如果你寫成 **filosofie**，那就等於減少了兩根煙囪，我再也認不出那艘船。時間就這麼浪費掉了；因為有效的注意力並非集中在一個字上，而在於一串透過關聯而形成意義的文字。每個字都停下的人，腦筋發展遲緩；文意不在於字，而在整個句子裡。忽略拼字規則的時刻出現在詩歌，雄辯論述或會話的閱讀，讀者比較會把注意力放在字音，而非字形。重視拼字法則適用於閱讀散文體的時刻。

適當地讀散文能軟化人心，原因如下。用眼睛閱讀的人自然懂得拼字法；他認出我剛寫好的那個字，就像辨識一項物品一樣。透過注視的感知，被寫下的事與他仍有一段距離，而且屬於外物；他可以審視評判。但還需要把讀到的內容發聲念出來的人，他把字形轉譯成吶喊，首先必須吞下文字，自己先消化，好讓外在的符號變成他所聽見的各種叫喊；而他聽見的正是他自己。從這一點我們可以猜想，邊說邊讀的那人過度自信，而沒有保持觀看那個外部想法時觀眾該有的冷

56 塞維涅夫人（Madame de Sévigné, 1626 – 1696），法國書信作家。生動風趣的文筆反映了路易十四時代法國的社會風貌。

57 雅克－貝尼涅・鮑蘇埃（Jacques-Bénigne Bossuet, 1627–1704），法國主教、神學家，路易十四的宮廷佈道師，宣揚君權神授與國王的絕對統治權力。

靜。就此意義而言，我認為印象即是證明。是的，對於練習不足的讀者來說它是一項證明，因為讀者被強迫根據印象說出內容，也就是把某種只是提供給他的意見攬成自己的事。攬成他的事，我的說法並不過分，因為他的嘴、喉嚨、肺、胃，另外由於反饋作用，包括他的心臟，都立即根據印象的內容而運作起來。報紙的影響力太大了。

所以應該帶孩子們靜靜閱讀；我相信大家從來沒想過該這麼做。所謂的流暢閱讀根本不流暢，因為孩子朗讀的方式誇張不自然。而聽寫的傳統再度把屬於書寫的問題拉回發音方面的練習；孩子凝聽，閉著嘴模仿那些聲音，然後寫出來，多少會出現錯誤，通常皆錯得可笑，而從含糊或結巴的發音就能得知出錯的原因。因此，我建議做這樣的練習：讓孩子自己先把聽到的字念出來，聲音要大而且要清楚，然後再寫出來。我相信，如此改良之後，應能大量減少錯誤。但這個方法尚不完美，因為它始終在教孩子說出所寫的文字。不過想必還是得先經過這個階段，只是千萬不可就此停滯不前。

所以我喜歡無聲的聽寫，先顯示一個個字，稍後顯示整個句子，暫停一段時間，然後消失；留在記憶裡的部分因而就像一幅即時複製在腦中的圖畫。再說，單純抄寫已是一項很好的練習。這樣也終能學會閱讀，不需用上丹田和情緒。

我很清楚：這麼一來，我的學生也許有不再懂得正確發音的危險。所以在眼與手的功課之外，我還加上古老的背誦練習，在此當成發聲器官的鍛鍊。不過我會留意挑選，所有背誦的課文必是優美的作品，並且專門用於此途。首先因為這樣的作品能調節情緒，同時啟發他們；另外也因為，對於這類作品，在檢視之前先談相信較為恰當。於是，必定隨著話語而來的這份篤信又將有助與文化之養成。

50

內心語言

正確拼寫出自於尊敬，是一種禮貌。在此必須克服的是怪異。可以這麼說，怪異吸引注意力然後誤導它，因為外型許諾諸多可能，卻什麼也沒給。好比一頂大帽子，或一把長到腰間的鬍子；除其自身之外，這類表徵絲毫沒給我們更多訊息。鬼臉怪相也總喚醒好奇心，卻從不餵飽它。這就是為什麼一張自然平靜的臉一開始就討人喜歡；有如寂靜，沒有它就沒有音樂。同樣地，就這點來說，符合潮流的衣服十分合宜，因為絕不惹人注意。相反地，一個戴尖帽或濃密長髮的奇特男人無法與其表徵安然無事；只要他開口說話，講的永遠都是尖帽子。有個知名的例子：有位佈道者鬍子只刮一半，結果沒有人認真聽他演說，倒是每個人都盯著他看；而透過眼神信息的交換，他本人也會對自己的演講感到陌生。超出常態的事就這樣引發騷亂，在那人的周圍，也在他的內在，造成驚慌。莽撞和羞怯對戰，於是頭腦打結。所以穿著必須根據慣用習俗，打招呼必須根據慣用習俗，話好好說而不是用喊的，最後，寫字也要根據拼字法。人們說拼字法很難，但舞蹈和禮貌也一樣難。懂得這些令人受益匪淺；而其實有機會學習這些即已是一項天大的好處。

當一個天真幼稚的人著手書寫，我首先注意到他的言詞臨時編造，斷斷續續，重複重來，一點也不在意文采力道，因為他根本沒有聽眾。而咬字在這時也被他天生的身體構造甚至態度所左右，某種程度上，那像是小狗的尖叫連連。而字跡經常透露那種急躁匆忙和野蠻，更別說內容了：心直手快，口語和書寫體混雜。教拼字法的老師們十分熟悉這類錯誤，多歸因於自說自話那種輕忽又恣意的態度。在這方面，我建議應訓練孩子在書寫的同時大聲且清楚地把話說出來。

正如教養不高的人太卑躬屈膝，連對椅子也哈腰，我們也看到完全不懂拼字的人表現得加倍禮貌，而且深怕遺漏什麼，所以過分加重字的分量，就像那些欠缺風格的服裝設計師，到處綴飾緞帶和小蝴蝶結。於是出現那些雙重字母，那些Y和ph，當成旗幟和彩帶使用。這都是些過猶不及的動作。文法學家已審慎地將惰性納入考量：懶惰會簡化語言，導致語言變成單音節的吼叫。但他們不該忘記考慮誇大：誇張會矯飾，小事化大，成倍成雙。情緒張揚，熱情激昂。我的祖父總這麼說：「綜合理工大學院」(「Ecole Polytechnitique」)[58]有個女人，有一天，在她激動熱烈的譴責文中，寫出「鬼善」(「hyprocrisie」)[59]這樣的字。在這精彩的錯誤裡，我辨識出提早變換嘴型的問題和一股從喉嚨湧出的怒氣。首先必須克服這樣的放肆心態。因此，拼字法這項規範的影響比人們想像得更深遠。體操和音樂的總和，或許，是內心語言的唯一準則。

58 編註：原本應為「綜合理工學院」(Ecole Polytechnique)。

59 編註：原本應為「偽善」(hypocrisie)。

51

歷史課

昨天有位年輕教師問我：「我已經沒有足夠時間把學生該知道的全部教給他們了，如果你還要我們一個星期只授課二十小時，等於把三小時的課縮短成兩小時，我們該怎麼辦？」

我看不出有何真正的困難。時間是被課程吞噬掉的。我推測，你教的是歷史；在此我聽見了你的心聲，你以前必須立刻把各起事件講述給學生聽，而你認為這樣就夠了。某種行政上的偏見之所致，教師們被迫長時間工作，我也承認他們工作勤奮，都是些非常乖的好學生。但是，一般學生也普遍習慣什麼都不做，而我想顛覆一下這個小世界。教師以他自己的方式工作，苦讀眾多論文和理論，沉思重大法則或微小因素，隨他高興，我覺得都好。但學生首先應該要知道赤裸裸的事件真相。所以，讓他們從課本去學，然後背下來，這將是嶄新的嘗試。但是否需要留時間檢視每一個學生的成效？與其尋找反對論點，不如想解決辦法。

我還記得曾有一段時期，課堂學監尚不算是助理老師。在上課前的自習時間，他們把看起來最不用功的學生叫到講桌旁，學生背誦，他們則依照書上的內容檢查。做好確認學生沒有記錯歷史日期這項工作並不需要歷史專家來做。分數由他們來打。教師先瀏覽這些分數，就能事先挑選問題，依其構想反問學生。而這時，視回答的狀況，並根據所有人確定熟記的年代順序，老師將展現他經驗豐富、見多識廣、底蘊厚實的面貌，十五分鐘的臨場發揮即可清楚闡明二十年的歷史，熟知原則後，甚至可說明一整個世紀的歷史。

我還覺得，與其在歷史練習簿上寫滿字跡難辨的筆記，不如要求每個學生用他最漂亮的羽毛筆，如果願意的話，也可沾上彩色墨水，寫一份漂亮的編年史。先將年代等分標出，再漸漸填上事件及人物生平。這樣的功課很容易評分，是需要努力用功才能完成的功課，因為漂亮簿本上的空白部分清楚道盡一切。而有好幾個原因讓我相信，這樣的作業類似用羽毛筆畫畫，比起一般課堂上匆忙緊張的書寫，更可促進肢體確實集中注意力。此外，人人都注意到了：一部好的編年史，只要能同時顯示事件、年代和作品，即表達了人類歷史中各種最重要的觀念。即使較少事項可填的那些時期，僅憑一個個年份連續列出，亦說明了某些事情。看起來，即使身處那些黯淡無光的時期，人類仍繼續生活、相愛、生產與交易。而這項如此簡單的觀察卻是一種極其重要的概念。我的發現可不是什麼大祕密。我們只會更清楚察覺，無論哪一種科目，把最耗時、也最有效的主要作業挪到在自習時間——這個名稱取得好——是件多麼容易的事。我知道，這種做法需要在一開始就強而有力地賞罰分明。學生已習慣從聽講中學習知識，至少，他們以為自己確實在學習；而他們的父母也一樣，聽過兩三次某位可以不假思索地連續講一個小時的博學者演說之後，就以為已經為自我充實盡了足夠的努力。留聲機和電影放映機是半斤八兩的好兄弟。

52 認眞書寫

「品德教育，」年輕的教師說，「這真不容易。各種良知都在摸索且自相矛盾。教條之間也相互打臉。而當已思考這些問題三十年的大人尚且存疑，我又如何能給年少的孩子們堅定不變的原則？」

「過去，」老教師說：「我也曾經用三大重點式原則教課。那時我還年輕，聲音大，有熱情。男孩們雙臂抱胸靠在桌上，眼睛盯著我看。我被書本誤導，還不知道這種專注其實會讓人變笨。不過凡懂專業者都能及時回頭。由於閱讀與寫作很清楚是最重要的，並且需要時間，我開始逐漸減少口語練習，也降低我喉嚨和肺部的耗損。孩子們閱讀歷史，抄寫訓誡。做著這些嘗試的時候，我有機會得到幾樣發現。首先，一本六法郎的筆記本，以及各種鼓勵喜愛工作的粗體標題，沒有什麼比這些更有價值。此外，算是比較不明顯的：認真書寫這個動作需用上真正的專注力。這迫使肌肉鬆弛，行動熟練自然，再三思考並交互印證，學寫字母中的環形筆畫就是個好例子。你至少可試試看雙臂抱胸思考，根本不可能做到。真正在動腦的人，某種程度上來說，會在空中寫字，比手畫腳；但真正寫起字來，腦力會更集中，因頭腦會隨著這堅定且毫不馬虎的姿勢運作。」

「的確，說話時我們耗損腦力，而書寫卻更新思考。」年輕教師說道。

「而且，」老教師說，「對大人有益，用在孩子身上好處更多，因為那個年紀的特色就是性情輕浮不定。猜猜我是怎麼能做到把品德課和習字課結合在一起的。而在這過程中我又有了幾個小發現，其中最主要的即是：凝思一篇已成定論的文章，比起聽從無窮無盡的評論，好處更多。從喋喋不休的評論中，我不大看得出條理，只注意到那些用詞遣字總掀起一團古怪想法組成的濃霧或塵煙，而同一句話多加深思幾遍，終能降低漫天迷濛。用其他字來解釋某些字，等於又拍打其他地毯，揚起更多灰。所以，再加上有授課之必要，我採集了一些文字最美、意義最飽滿、句子最短的格言，成功地讓學生抄寫，並且不止一次當成習字範本使用。」

「這樣的格言叫做思想，」年輕教師說，「也許說得並不差。」

「我相信大致不差。」老教師說。「但還是一樣，透過這些經驗，我終於看到品德的歸依，它就存在於所有人心中且無所不在。因為每個人都對他身邊的人道德說教，從來不出絲毫差錯。賈克評價皮耶，皮耶也評價賈克。兩個人都無懈可擊。就像嫉妒的男人對風騷的女人品頭論足，猜測她所有狡猾又看不清的心思；如同風騷女郎猜測嫉妒男子所有的狂想，以及他所有的造作和可笑。就像受到恩惠的人衡量好心人的動機，如同好心人試探受惠者的感恩。你會說，這是為了擺脫讚賞的迷思。果真如此的話，難道你沒看見他們雙方都清楚知道自己讚賞的是哪些，而哪些又是不能讚賞的？不過，我寧可說他們渴望讚賞，只是苦於說不出口。如同一個正在秤金子的人不會任由別人牽引分心；如同一位檢驗合金的師傅，他會告訴你黃金和黃銅的分量，毫釐不差。因此，世間男女皆是品德導師及教師，從出生到死為止，從不出錯。一個人在這個領域所能得到的唯一發現是，他是否能警覺自省，把他對旁人的責備拿來改正自己。其餘的部分只不過是一場簡單的遊戲，人人都可參與。所以我願意減少那些習字範例，剩下兩、三句這類的格言即可：『君子求諸己，小人求諸人。』[60]

60 法文原句直譯為：「你建議鄰人去做的事，自己先做。」（Ce que tu conseilles à ton voisin, fais-le.）

53

燕雀

「燕雀，好題材。」督學這麼說。他為人溫和，年輕時曾出版過一本詩集。如果這堂課說的是象牙撥片，或者銀絲絃，或者九孔長笛，根本沒有人知道是什麼，雖然他可並沒忘記。他僅對一心上進的青年學子們露出微笑，面無厲色。然而此言正中教師下懷。孩子們觀察燕雀先生和燕雀太太已有一個月，個個有話想說。但他們的老師對於寫作的藝術堅持己見，自有一套想法。他怕出現陳腔濫調，畢竟孩子的感受力豐富，語言詞彙卻很貧乏。他要孩子們在黑板上寫下字彙，按照順序分門別類，然後從中選出他們需要的。各種程度的愉悅，各種色階的粉紅，各種色階的藍，各種差異微妙的歌唱，有節奏的，抑揚頓挫的，變化萬千的，又尖又細的，聲音洪亮的；各種行進的方式，還有跑、奔、跳、躍的不同。督學露出些許不耐，在他年輕的時候，作文可不是這樣寫的。以前他從一個字跳到另一個字，隨興之所至。「今天，」他說，「如果我沒看錯課表的話，要上的不是詞彙練習，而是作文練習。別把兩種課弄混了。」

但所有人都已開始作業。燕雀先生首先被描述：牠深灰色的嘴喙，藍色羽冠，粉橘色的胸口，還有翅膀上的白色標記。此外還有牠的步伐，有點笨拙搖擺，因為燕雀不會跳。相反地，牠飛翔時盤旋，在空中急轉縱躍、俯衝、攀升、玩耍，然後再次莊嚴地將牠的禮服拖曳在路上。這會兒牠棲息枝頭，動也不動，張開鳥喙，鼓起喉嚨，高唱牠的春之歌；曲調既沒有變化也不長，一段短短的序曲，然後是一串急促相同的啾啼，最後以一小段宛轉收尾。說它是音樂不如說是語言，但聲量夠強，響亮，豐沛，充滿生命力與喜悅。這一切皆被一絲不苟地描述出來。孩子們偶爾猶豫該用哪個字，但毋庸置疑地，每個人都有充分的了解。所有人，除了督學以外：他對這個題材懷抱詩意的想法。於是，由於從頭到尾找不到機會說句話，他只丟下這樣的評語：「這是一堂作文課，不是觀察練習，別弄混了。」

「但是，」教師說，「他們還不到能描寫未曾見過之事物的年紀。他們只是孩子。」話雖如此，現在，他們用自己的論述方式來繼續表現燕雀太太。這個角色鮮少為詩歌所用。這位嬌小的女士打扮平凡簡單，一身略帶淺黃的灰毛，一道較淺的條紋中分頭部的羽毛，簡直像一個綁了寬髮帶的小學女生。行走和小跑比較機警，飛起來不如耀眼的燕雀先生那麼扎實。若非牠翅膀上的白色標記，沒有人認得出牠。沒有人能說牠是否歌唱，是的話又怎麼唱。

「當然，」督學說，「這是一堂很好的自然課，但在我看來，作文完全是另外一回事。那是一種想像遊戲，更自由，更仰賴個人的奇想，然而有另一種規範方式，藉助的是慣常運用和好的品味。作品應有每個人的個性，而非事物的特性。因為那是作家自身的心靈，是在作文中表達自我的人類靈魂。相信我，我們的情感、喜悅、希望、心中的春天，鳥兒的歌唱從我們身上喚醒的快樂和回憶。這些畢竟比一隻燕雀的顏色更有趣。」

這場臨時教學頗得他心，準備離開時，他真的這麼想。但這個男人心中還是響起了真正的說辭，他嚴謹的專業曾告訴他不少苦澀的真相。「我們會走往哪裡去呢？」他心想：「如果可憐的人們組織他們的說法時只根據真相，而不再講求守禮？」但他瞇起近視眼，盯著路上燕雀的動作，記起了早已被遺忘的童謠。而且，那是只麻雀，不是燕雀。但是，對詩人來說，又有何關係？

54 書寫的藝術

發明的方法只有一種，那就是模仿。周延思考的方法只有一種，那就是延續某些經得起考驗的古老思想。這種想法本身就是範例，構成利於思考的環境；首先因為它顯得十分普通，而且頗為薄弱，但也因為熟悉它的僅有那些習慣經常回頭審視的人，還有願意把從神話到觀念這條路，還有從偶像到神話那條更久遠的路，重頭再走一次的人。只有這麼做過之後，才會懂得那整個觀念，明白為何所有人彷彿深陷同一個觀念之中，陸續思考，直到終於觸及並照亮由石頭、金屬和風所構成的無感世界。

對立的觀念自然會提供反證，因為那是從未接受過人類文化薰陶，隨意看待新事物的人們所熟悉的。這相反的觀念，乍看之下頗令人驚艷，一旦近距離細看，實則薄弱空洞。在那些小學教師難以擺脫的愚蠢教育學家們身上，我辨認出這種特徵。他們所說的許多事有很大的機會屬於無稽之談，而其中這一項：孩子的創意，比什麼都珍貴，必須謹慎，避免灌輸他現有的思想，相反地，應讓他對著一頁白紙作夢空想，他所寫下的才會是屬於他的直覺或發自他個人內心的，而非導師的想法。然而，像這樣任由他自己寫下的，偏偏正是陳腔濫調；就像那個小學生，為了描述一座古塔，絲毫沒忘記加上「經過歲月沉積而變黑的石頭」，然而一眼望去，他明明可以看見那座塔的顏色比周圍的建物都明亮。這就顯示人向來只透過既有印象去觀看，或者換句話說，表現手法專橫地壓制論點內容。

因此我要重申我的觀念：應該幫孩子一把，指揮他，拉回他，這樣才能終於引出他真正的想法；此事稀有而珍貴，對每個人來說有價值，如同荷馬的一句詩。親自試驗就知道：為了一個字母、一篇敘事、一段描寫，試著引導年輕作家去追尋，誘導他把需要寫的事物注意多看幾次，讓他閱讀，再讀，在相同的題材上重複適當的模式，要他清點可能用得上的詞彙，分門別類；你將會看到新鮮的觀點，對某種感受的細微表達，就此誕生，甚至出現初步的風格標誌。而你幫得愈多，他發明的也愈多。所以學習的藝術不過就是長久的模仿，長久的複製，任何音樂家，任何畫家都知道。對那些看得出門道的人來說，書寫呈現了這項重要的事實。教育程度不佳的人所寫的都大同小異，如果有差別的話，則來自另類怪誕或意外。相反地，文化涵養高的人，其書寫卻因為更符合一般模式而獨樹一格。

55

寫字體操

青年維克多（Victor）在短短幾天內同時犯了亂發脾氣、欺負弱小，以及偷懶怠惰；佩居榭（Pécuchet）的右邊站著布瓦（Bouvard）[61]，手裡記了幾點小抄，開始上起一堂品德教育課。福樓拜的書迷可以去找到確切的原文，度過一段美好的閱讀時光。但我認為福樓拜的諷刺恐怕沒達到目的。一位法蘭西學院院士在討論布瓦和佩居榭時說：「對這兩個笨蛋我一點也不感興趣。」不覺得被這句話痛咬了一口的人，一定沒有好好讀這本書。請注意，佩居榭並不笨。他簡單扼要地介紹史賓諾沙的學說時，表現得很不錯；而且他的品德教育課與別人上的大致也差不

61 以上人名皆出自法國文學家福樓拜（Gustave Flaubert, 1821–1880）的小說《布瓦與佩居榭》（*Bouvard et Pécuchet*），描述兩名偶然結識的朋友一起搬到鄉下居住，利用各種科學儀器做實驗，檢驗書中記載的各式的知識，卻一再發覺矛盾，另外也顯現他們探索知識的能力荒謬不足。這是福樓拜最後一部小說，還有一章尚未完成及去世。

多。荒誕的部分在於，他為了教育一群聽眾而在他們面前自說自話。就讓從來沒有所謂的演講經驗，也沒教過課的人去取笑佩居榭吧！其他的人，我想請他們笑笑自己。

演說口才的作用在於啟發共通的想法，將它們提升到一個強大、耀眼且有效的層次，孤掌難鳴時絕對做不到。提醒聽眾回想他們自己的想法，為他們具體呈現那個想法，以熱忱之火照亮它，這是說服，不是教育。但當你吸引住三十個孩童的目光，且能適當地把話說完，實在難以承認那是在浪費時間。固定不動的注意力終究是騙人的，那只是興奮的等待，彷彿站在他們面前的是一位魔術師。連續說話，不間斷也不出差錯，如此艱難的訓練總引發驚訝，也常有讚嘆。然而，我不相信擅長說話的人真的能同時跟上他所說的想法，光是顧及文法和用詞遣字等小問題就夠他忙的了。他處於一切內容被掏空的匱乏狀態，行走在一片形式的荒漠中。他在聽眾的面孔上探尋，極度需要這份注意力；如果聽眾被他吸引，他只會更滿意，而這股得意並非好事。他可不是一位施捨的富人，而是伸手乞討的窮人。我相信，一位智者，而且是沒有任何貪念的智者，對於一位教師的耀眼表現，會這麼說：「他太會說話。」

但我想為孩子著想，並且，容我這麼說，將固定不移且幾乎焦躁的專注力在腦中隨即造成的空洞具體呈現出來。人人都記得自己曾發揮這種近乎狂熱的偽專注力，結果讓頭腦打了死結。這樣的自我限制毫無意義。人一旦咬緊牙關就拙於行動，甚至在行動前即已疲憊。思緒打結的人就在這種狀態。掌握想法需要彈性，以及那種用眼角察看的注意力。需要狡黠和微笑。放輕鬆，請放輕鬆。

很好。只是，如果你讓聽眾亂跑，特別是年紀還小、活力十足的聽眾，他們也什麼都學不到。不過我發現有另一種放鬆的方法，那就是主動熟練。閱讀，再閱讀，背誦，精進書寫；絕非求快，相反地，要以版畫雕刻師的謹慎，在漂亮的習作簿上悉心描紅，抄寫意義飽滿、形式均衡、文辭優美的例句。這樣的作業益處良多，有彈性，為思想鋪設溫床。寫字是一種體操，可從字形和筆畫線條中看出成果，而那正是文化素養的表徵。不過，首先還是需要一個文化環境。只要你準備使用的字詞尚未先透過閱讀，再透過抄寫而變得精熟，別對口語抱任何期望。而你本人，能言善道者，也請以書寫代替講演。黑板的好處不限於解釋幾何學。吃重的挑戰。但我看你倍感壓力，綁手綁腳，所以請練習大寫字母，宛如在大理石上刻寫銘文。像這樣，你的思想變成你自己和眾人的標的物。然後，輪到他們去抄寫。採取這種態度正好使他們能恰如其分地了解你的演說。事實上，一個學寫直槓的小人兒正在為他的大人事業踏出第一步。

56

意志力的好處

我們不會在演奏會上學到音樂。並非缺乏興趣，但興趣並非全部。我甚至要說，我們所熱愛的事物從來不會讓我們學到東西。阿塞斯特（Alceste）一心想了解賽麗曼娜（Célimène）[62]，但他要不是原諒並讚美她，就是一下子惱羞成怒，永遠走在不對的路上。笛卡兒甚至大言不慚地說，追求真實之愛是人們失去理智的主要原因。只有把目標掌控到能去捕捉且自身絕不被擄獲的程度，心智才能得到力量。所以我們都知道，音樂教師並不比其他教師有趣，甚至可以說比其他所有教師都無趣。而在我看來，這是一種徵兆，代表著音樂教學做得比詩歌教學好。試想像一位尋求感動人心的小提琴大師，他立即會對拉弓滿懷激情，並盡心盡力地完美表現，這一切都寫在他扭曲的臉上。工作坊裡所教的是一項頗為殘酷的現實

62 阿塞斯特和賽麗曼娜是法國劇作家莫里哀（Molière, 1622–1673）名作《憤世者》（*Le Misanthrope*）中的主人翁。

真相：首要之事就是告別他的心頭所愛。心頭之愛的確把我們帶到了門口，但必須把它留在門外。用另一種方式說，必須辛勤工作，然後從中爭取一種幸福，那是欲望所窺見不到的幸福。在成為幾何專家之前，無法真正享受幾何學。因此，我們所有的欲望中，皆存在虛榮，完完全全的虛榮。我們追逐榮耀，其性質一點也不穩固；而從這個角度來看，失望就在我們種種辛勞工作的門口徘徊。不過，在努力鑽研的荒漠中，一旦我們有所進展，大權立即到手，得以凌駕於一切榮耀之上，那才是真正的榮耀。而只有從一位真正的小提琴手，或一名真正的歌者身上，我才能捕捉達到那種榮耀的光輝，因為一丁點的虛榮皆刺耳嘎響或顫音連連。

我回頭討論拼字、算術和閱讀，因為那是我的目標。這是一開始就存在的問題，孩子必須將興趣擴及本身根本不會引發他絲毫興趣的事物。沒人對字母感興趣，有趣的是閱讀。二加五等於七，沒人對這個感興趣，而是想算得像伊諾迪（Inaudi）[63]一樣快。於是生出懶惰之煩惱，總等著愉悅如魔法般降臨。

現在讓我們做兩個實驗，各關於字母和數字。我給你一頁印刷文字，你必須劃掉所有的a。你立刻會想：這麼做一點用也沒有；但我刻意抹去你這個暫時的念頭，因為我只給你六十秒完成任務。專注的六十秒，沒有人能拒絕，亦不能原諒自己驚慌，也不可出任何差錯，畢竟這項任務如此簡單。這種心態造就一種有益的屈辱感，因為，在一頭栽入獨自解決的同時，你立即發現：一切操之在你。這類困惑為雄性專屬。我們只有從各種不可原諒的錯誤中才能真正學到東西。

數字小嫌無聊，數字大則傷腦筋。在此提供一個方法讓孩子對數值小的數字感興趣，輕鬆增加五到七個不是問題。我給你一長排兩位數字，規則是在另一個直排格子裡寫下兩個數字的總和，只給你三十秒。我事先挑選了題目，程度最好的人能在時間內剛好做完，而且全對或幾乎沒錯。做這項測驗時，俗話說得好，每個人都會自我評量。從速度和錯誤來看，糊塗的人會承認自己粗心；徒然疑神疑鬼之後，反覆探索的人也會發現自己的毛病。每個人或多或少都能體會到何謂確切明快的步調，從容的明察秋毫，不膽怯，不躁進，不自以為是。於是心智處於自己擅長的領域，能夠自主。我絕非要誇口說透過如此簡單的練習就能學到很多，只是想讓大家知道，比起鬆散怠惰的好奇心，意志力的好處遠遠大得多。

63 伊諾迪（Giacomo Inaudi或Jacques Inaudi, 1867–1950），義大利天才心算家。

57

從自身過錯學到真相

人們總急著斷言某種天性是好還是壞，說教育根本改不了任何事。我同意教育不能把紅髮的變成棕髮，也無法阻止髮絲捲曲。而我也同意，這些狀況所顯示的不是小問題。這個人氣色金澄，黑髮濃密，雙眼濁黃，身形纖雅，肌肉軟弱，在此，他的一生等於已經註定；所有行動，所有情感，所有想法皆將染上那種陰沉的色彩。而同樣地，另一個人也將因為他所說的和所想的而呈現粉紅、紅或藍色。隨便一個姿勢都會表達出他們各自的天性。然而該愛惜的正是這一點啊！正是這一點：無論金髮或棕髮，血氣充沛或面色發黃，人正因這一點才像人，才強大且自由。否則，他可能變成什麼樣？沒有任何人因旁人的優點而存在或行動。

希望出現那樣一個人，生下來就品行優良，隨他怎麼生活都不必擔心；這也是虛構幻想。我很樂意聽別人描述某種類型的人時講他的脾氣和眼睛的顏色，不受瘋狂的喜愛或欲望，或失望的影響。相反地，那些被誇讚很有天分的人，最後常常一蹶不振，而且如果從來不克制自己的話，跌得比誰都快。無論人的軀體屬於哪種類型，都可能擁有各種情感，可能犯下各種錯誤，而且如果疏忽，時機和前例剛好都湊在一起，情感和錯誤還將產生加乘效果。而這一切所根據的，的確依然是那無可模仿的、獨一無二的人生模式，亦即每個人所背負的命運。地球上有多少人，就有多少凶惡和悲慘的模式。但每一個人也各有其救贖之福，而且專屬於他，一如他的膚色、髮色。他變得勇敢、慈悲、睿智，藉助的是他自己的雙手和雙眼，而非你的手和眼。他的完美並非來自你，而是他對自己的完美要求。你的美德對他派不上用場，反倒是，那些可能成為他的缺陷和熱情的部分，會被他拿來造就成長處。人們不是常這麼說嗎？錯誤使用的耀眼優點正是一個人失敗的原因。這話並非沒有道理。

史賓諾沙是一位麻煩的導師。儘管如此，即使對他的了解並不透徹，甚至或許應該放棄這個念頭，還是可以發現，他在著作中以幾近激烈的言辭說道：美德是一種英雄式的自戀，意即沒有任何人能靠他人的完美來拯救自己，反而應該從自身的過錯中學到真相，並善用他的怒氣、激憤，還有他的野心及慷慨。打人的那隻手也能援助；懷恨的那顆心也能去愛。常聽人對叛逆的孩子說：「學學妳姊姊，看她那麼乖。」那麼他也大可以建議那個本身是棕髮，身材纖瘦的孩子學學她的姊姊，變成一頭金髮，圓潤豐滿。我甚至要說，美醜因人而異，在一個人身上所形成的和諧結果只適合他。因為根本不存在所謂美麗的配方。我經常發現，一般審美觀念認為美麗的線條，很容易因恐懼、忌妒或惡意扭曲變醜；甚至可以說，在本可輕鬆帥美的面容上，醜態更加明顯。同樣地，正經認真的人和可說是天才的人，一旦頑固，持有偏見，亦更令人驚愕。話說，若甘於討好甚或諂媚奉承，所謂的天才又算什麼？而一個天分不佳的人，如果能懂得最細微的小事，又該怎麼說？只要他願意做出去了解這個舉動，他就是對的。不是為了明天，但為了明天過正確的今天，這種精神到哪兒去了？每個人都容易犯錯，自以為懂很多的人也許更容易錯。因此，腦筋動得慢且被幻想異夢蒙蔽的人，通常走得很遠。但天才也好，蠢材也好，無論他們去哪裡，靠的都是自己的雙腿，而非旁人的腿。

58

認識自我

史賓諾沙說，人類根本不需要完美的馬。這則論點將魯莽的思想家描繪得真好，告訴所有人：他們根本不需要完美的旁人。如此一來，每個人的嫉妒心都根治了，模仿的念頭也被轉移了。當然，美德的原則在於自然流露的舉止，以及努力保存自我。若有位擊劍手身材嬌小，就請他用速度和跳躍來彌補。或許只有在試圖模仿別人的時候，人才會對自己不滿。不過這也是因為我們想為他人而活，至少是在自己身上找出讓他人認同的理由，倘若那些理由能讓我們被別人認識的話。於是人們不知不覺急於向他人描述自己，這是虛榮之舉。

這種怪癖恐怕來自對自己的恐懼，甚至厭惡。關於人類自私的研究指出，人類一點也不喜歡自己。借用某位作者的話說，為了自己根本沒有熱情的事物犧牲，簡直瘋了！所以必須追尋自我，找到自我。但此事很難：每個人對自己的想法皆有共通之處。這個共通點就是想法本身。某項證明必須在所有人身上都說得通，要不然就是連對我都說不通。就是基於這種心態，人步入了想跟別人一樣的歧途，想跟上流行似地追逐某種意見。我們學著用跟旁人一樣的標準去判斷；而那些人彬彬有禮，但脾氣卻難以捉摸。因為脾氣可一點也未被人云亦云收服。大家可以注意到，不實的迷戀和根本不確定的評判特別容易伴隨暴烈。想與眾人一樣的同時應保持自我。關於這一點，巴爾扎克寫下了這段驚人的想法：「天才的好處是他像所有人但沒有人像他。」毋庸置疑地，巴爾扎克這位天才本身即是例證，不是因為他闡明了道理，而是因為說服力十足。畢竟支持我的論點，對我有幫助的人，必然強而有力地保有自我。

那麼，那些我稱為有鱷魚本性，武裝且藏匿得如此妥善的人，例如笛卡兒、史賓諾沙、歌德、司湯達爾，為何不容易了解？困難其實來自一項非常古老的誤會，純粹源自神學院，使我們把普通當成了普世皆通。有一門學院派科學想以一種觀念貫通好幾樣事情，一旦在那一點上迷失就很難拉回。掌握了各種現象變化，例如藉由能源這個共同概念認識熱與功之後，有多少人以為自己已經徹底了解！他們才在起步階段而已。同樣那位史賓諾沙總以有力且神祕的方式提醒世人；他告訴我們：人了解的獨特事物愈多，對上帝的了解就愈深。知並不難，難在知而後行；也就是說，透過所知來思考最終的差異。對於只把觀念當做工具或手段的人來說，一切皆新鮮，一切皆美好。

從這條思路回頭討論關於自我之想法，我認為人應該以普世的角度來自省，而非視之為一種普遍行為。普世來說獨特且無可模仿，說穿了就是拯救自我。心智偉大的人物僅忙於戰勝專屬他們的困難，而那些困難深藏於他們的脾氣性格之中。我要補救的是某些愛、恨、渴望的方式，十足的獸性，一如雙眼的顏色之於我，緊緊相隨。我要做的是補救，而非消滅。吝嗇是各種執迷中最小氣的一種，其中的秩序精神，普世皆準，對工作的看重，舉世皆然；痛恨浪費時間和瘋狂揮霍之心，人皆有之。這些想法，畢竟是思考的成果，將能確實拯救吝嗇鬼，假使他肯做自己，知道自己想要什麼的話。野心方面的討論亦然：如果他真的有野心，因為他想得到有價值的讚美，用來誇讚自由的心神，差異和抵抗。對喜歡的事物更加緊去愛，於是，愛得以保全不間斷。因此笛卡兒說：沒有任何迷戀是不能善加利用的。老實說，他根本沒有解釋這句話；但每個人在認識自我的過程中早已應用了這份堅決的樂觀。在此，追隨笛卡兒，絕對不是想變得跟笛卡兒一樣。不是的；我還是我，正如他就是他。

59

教學的範圍

我曾好幾次在言談中表示，當今的初等教育環境中，把教學範圍縮限在閱讀和算術是最穩當的做法。在眾多理由中，我提出了一項：從經驗本身片段擷取的自然科學，對於頭腦的啟發，比不上專業的實際應用；所以應從最早被熟知的科學著手，那其中蘊藏其他所有學問的關鍵。但是，為了讓大家知道至今甚少實行的這種方法遭遇到什麼樣的實際困難，我想在此報告一項我經驗過的狀況。那是戰爭爆發前不久的事，人們覺得生活較先進的階層擁有過多的享樂和財富，確實如此沒錯。人們自以為有時間對這些資金做出符合人性的管理，防止這些錢被用在大家心知肚明的用途。但懶散、無聊等等繁華生活所帶來的果實，早已捷足先登。

那時，我成功聚集了十來個小女孩和她們的常任女教師，教她們基礎的機械學和天文學知識。這麼做不是要她們答對考試問題，只是讓她們能針對彗星和雙子星侃侃而談。我不管輿論，所有科技字彙也都留在教室門外。我想帶她們有訣竅地觀看天空中的事物，這個目標最終大致達成。然而在她們汲取知識的同時，我也學到了許多，而且是值得所有人沉思的事。

一旦獲准張口，一旦那些小女生不再害怕斥罵或譏笑，她們便說了很多聽來幼稚或愚蠢的事，那是因為她們的用詞遣字經常張冠李戴。此外，就算是最簡單的概念也必須經常用放大鏡檢視。或者，換別種方式說，對學生而言，困難幾乎從來不在老師看到的地方。我親身見證，其中一名女孩上完課後表現出優異的專注力和天資；她想將一根長棍的影子移到太陽的方向。由於在那個時間，陽光不可能照進我們所在的教室，我必須關上窗扉，拿來一盞燈，做實驗來教這個小女孩。在那個狀況下，困難的部分完全不在於絕對不嘲笑她，只要不是很沒教養的人，理所當然都能做到；但棘手的是讓她的小同學們不嘲笑她。

現在我想告訴大家主要的困難是什麼：那就是避免嘈雜和混亂的狀況。孩子一旦弄懂某件事，心中便產生一大波可觀的情緒起伏。如果他已拋開恐懼和尊敬，你會看見他站起身，大幅比手畫腳，描繪他的想法，突然發自內心地大笑，彷彿正在玩最好玩的遊戲。相反地，如果孩子就是不懂，你會看到他一本正經，動也不動，說穿了就是悲傷，最後表現出今日教育家們所謂的專注。然而一旦他萌生出某種想法，就該讓他說出來：學生拋出自己的想法，越過老師的話語，推擠別人的想法，把所有人往後拉；或高舉某種新獵物，讓所有人跟在後面跑，以至於不得不聽天由命，胡說八道。老師真是一份可敬的職業，也是絕妙的體操練習。是的。不過別忘了，那群女孩只有十幾位，另外她們的女教師也在場。如果她們有六十個人，只留我獨自面對，一手拿著地球，另一手抓著太陽，難道你不覺得不到一刻鐘，我大概已扯破喉嚨，頭昏腦脹了？獨斷的教條主義與精神管訓及由此衍生。這件事讓我們看到，倘若我們希望除了學問之外，共和精神也能進駐校園，今日的學校需要許多改變。

60

科學的精神

科學精神必須滲透每一個角落；我說的不是科學，而是科學精神。因為科學形成一種壓迫逼人的巨大謎團；而關於光、電、粒子運動的最新科學研究，背後透露的是複雜的計算和完全不同凡響的經驗。很清楚的是，鐳的相關研究尚不適合在年幼的小腦袋裡投射一點靈光，而且這些孩子能研讀的時間少之又少。

在科學領域中，最好的是最古老的，建立在最堅固的基礎上的，以及人人得以實際應用因而最熟悉的。想把近來的物理學爭論簡要地說給孩子聽，藉此栽培他們，這是一項後果嚴重的錯誤。有些學者贊成徹底駁斥牛頓的萬有引力，另找理論來取代，例如中心壓力說；於是各行星變成是被推往太陽，而非受太陽吸引。我需要讀許多資料，經過漫長思考，才能確定這其中除了字面上的爭論還有什麼意義，不過這樣鑽牛角尖對孩子並不好。我希望他們先學會在天空中為自己定位，確知主要的星座，跟著觀察太陽、月亮以及最顯眼的那些星球的運行軌跡，然後我們再從表面的運動深入真正的運動模式，避免斤斤計較，非說地球從哪邊往哪邊自轉不可；而這些推理本身已需要許多艱深難懂的知識做後盾。這條路，孩子必須重新走過。泰利斯、畢達哥拉斯、阿基米德、哥白尼，這些大師對他來說已足夠。教學的人不需煩惱自己是否明白最新的發現，何況他永遠也無法真的明白：在關於鐳或電子方面的論述中，必然還有事實上的出入、推論的錯誤和判斷的錯誤。怎麼會沒有？在每個時代，每位最偉大的物理學家身上，都能找到錯誤。就讓永不疲累的時間來篩濾這一切吧！

況且，最近的奇妙新發現如電、電話、無線電報，令人感到驚異，而非教人得到新知；這正適合用來說明那句名言：人類做得到的事遠比他所知道的多。因此，人們用一種具毀滅性的觀念鋪設基床，而這個觀念本身就站不住腳，所以可想而知，人類根本什麼都不知道。然而，槓桿、滑輪、浮體，這些東西人類都懂，而且幾乎有如公理般不言而喻。這是豐盛的養分，而非起初醉人後來造成昏睡的酒飲。頭腦也要講究保健。

一開始就跑在冠軍旁邊並非明智之舉。人各司其職，最好讓天才探險家打頭陣去發掘新事物。我尤其想到軍隊裡的胖子，落在最後面，而且愈來愈遠。因為，事實上，現今的鄉下人與一堂索邦大學教授的機械力學課之間的距離，跟一名西西里島的奴隸與阿基米德的浮體原理相隔得一樣遠。民主的首要義務即在於回頭等待落隊的人，他們人數眾多。因為根據民主的理想，一名不能教育人民的菁英顯然比收取租金和債券息票的富人更不公正。而我也頗相信，學者償還我們的不是觀念知識而是機器，這樣的不對等是所有其他不公正之根源。這就是為什麼在給孩子的科學教育課程中，我會在天文學裡加上簡單的力學研究，例如槓桿、滑輪、斜面、楔子、釘子、螺絲、螺旋槳等等；依我說，這些絕對足以啟發孩子們的頭腦，打破共識默許之鎖鏈，而那才是真正的枷鎖。

61 教學之道

大人也有常識課。比方說，在一所真心想教經濟與品德的學校裡，他們很可能想帶學生參觀煤礦，以便給予比口頭教學更好的教育。「真理聯盟」(Union pour la vérité)是一個由自由人類所組成的可敬社團，他們就提供了這類方法，打造一座「共同文化學校」。在運動展開的初期，人人都會贊同支持。但事情沒有那麼簡單。

我已多次說明，為了整理想法，我們所做的每件事都有一種可貴的效用。為什麼？因為所有實際行動需要時間和多次試驗，好讓事情變熟練。但觀眾的角色較為不利，他們需要更多耐心，以及經常觀看的機會。無論你有多麼專注，都需要經常選一條鐵道路線旅行，以了解分支與銜接的系統；我的意思是，去認識各種道岔，辨識主要幹道，而這還只算是入門而已。但一項新事物的第一次亮相，所刺激到的只有想像力。當我們想使孩子像獵狗守著野兔一般專注時，對他們造成的，經常也是這種沒有結果的驚訝。這就是為什麼我不相信旅行能給人這麼多知識；不然，就必須走得很緩慢，放棄全部看完。

我曾用望遠鏡看月亮，並沒有不愉快的感覺。然而，看見那些被太陽照亮的山脈並沒有讓我學到什麼。因為那必須遵守某種順序，但我想要的完全不是這樣，而是在星星之間亂跳，並好好標記這場漫遊的路徑。然後，儘管觀察了那麼多次，我終於逐漸能專注在重要的部分，整件事對我來說仍不夠熟練。總歸一句話：星星、太陽和其他星球，我喜歡遠遠地看。動物的好奇心使然，我看了又巨大又迫近的星體，但人類的好奇心想長久維繫它們最初所見之外貌，最單純的關聯才不致被混淆破壞。著名的第谷．布拉赫（Tycho Brahe）[64]就完全不願意使用望遠鏡，仰賴標有方位的星盤和拉直的線。如果迦勒底（Chaldée）[65]的牧羊人當時擁有我們的高倍數望遠鏡，恐怕無法從占星中學到任何重大科學。觀察能力的發展

64 第谷．布拉赫（Tycho Brahe, 1546–1601），丹麥貴族，天文學家兼占星術士和煉金術士。他最著名的助手是克卜勒。

65 在《舊約聖經》中，迦勒底是新巴比倫的同義詞。大約在西元前六二五年，迦勒底人奪得巴比倫尼亞的王位，建立了迦勒底王朝，亦即新巴比倫王國。迦勒底人奠定了占星術系統。

超越詮釋的藝術並非好事。電話接線生就遇到這個問題。職業之所需，他觀察各式各樣的現象，卻什麼也沒能真正了解。基於實用理由，工業手法深深遮掩了事情的重點。而當人們找出所有齒輪環節，附屬零件亦將蓋過主體本質。

這就是為什麼學習槓桿、懸臂吊車和時鐘的原理，比立即去研究電子合乎道理。經驗並非小事，逐漸累積經驗，正是教學之道。總之我對技師的經驗並沒有那麼大的信心，更何況過路訪客的經驗？頭腦養成猜測的習慣，在萬丈深淵上方架設橋梁。工人的一隻手，刻著工作的痕跡，代表千言萬語；一整座礦坑則同時訴說太多事情。一架絞盤已有大量訊息要審視，但其實，真正的考量終究會回歸精簡的形體，於是絞盤看起來突然像一具槓桿，甚至滑輪；而真正的機器卻遮蔽了機械原理。這一點在經濟省力的機器上更嚴重，它們的獨特魔法恰恰就在阻止人們看出內部端倪。若沒有銀行員的頭腦，根本無法深入銀行機制。一個打折貼現的問題反而讓人受益良多。

62

數學

偶爾有人問我：「常識這門課的目的在於給孩子外在需求的初步概念，對於這樣的課程，你有何見解？」我的回答是，常識課應該要教算術和幾何學。事實上，所有科學都是從幾何學開始的，而我大致了解為什麼。事物帶給我們的知識來自於數量及大小的狀況。孩子一旦注意到車軸與輪子圓周之間的關係，就能做任何他想做的測量，測出各種尺寸圓圈的大小，自己畫出來：或用一根小尖棍加上一根拉繩畫在地上，或用一付圓規畫在紙上。關於圓、角和弦，最深入的研究必然是這樣直接投入的結果，只能來自不斷改善這種不留任何猜測或假設空間的觀察方法。孔子鏗鏘有力的箴言在此正可派上用場：「欲誠其意者，先致其知；致知在格物。物格而後知至，知至而後意誠。」[66] 而倘若有人懷疑二加二是否等

66 此句出於《大學》。法文原文直譯為「學問的目的在於認識事物，當事物已知，學問即成。」（La science a pour fin de connaître l'objet; quand l'objet est connu, la science est faite.）

於四，那是因為他不清楚二、三、四代表的是什麼。仔細觀看核桃、小骨頭、小積木或紙頁上的點，我們會很快曉得這些數量的實質內容，能去組合或拆解，沒有任何隱藏。這就是為什麼我常說，數學是觀察者最好的學習場所。

甚至是唯一的。除了數量和形狀以外，世界上沒有任何觀察會導致我們出錯，而且促使我們改正。星體從東方升起，往西方落下，但它們實際的運動是由西向東，而當人們觀察到太陽和月亮的實際運行後，仍應視之為純粹的表象，別忘了，這兩顆星球看似在天空中依循同一條路徑，但一顆是地球的衛星，而另一顆是星系的中心，地球是它的衛星。牽涉的科學愈複雜，事實愈明顯：表象其實什麼也沒說，我們必須去假設，去猜測，去驗證假設。總之，必須戰勝處處可見的表面現象，而科學史會證明，若未事先具備幾何學方面的知識，就無法戰勝表象。

在幾何學和演算法中，完全沒有需要戰勝的表面現象，也沒有任何神祕隱藏。當我把五加上七變成十二時，整個操作是透明的，沒有發生任何我不知道的事。同樣地，如果用拉繩繞尖棍一圈，直到回到原位，我便製造出各種大小角度的可能狀況。而我們也可以看見：這些是最早擺脫天才和眾神的知識。所以現在必須拋開束縛，因為神改變了校園裡的成見，不再將數學當成最困難的科目；因為其實正好相反，那是最簡單的，也是唯一適合孩童學習的科學。

63

會思考的猴子

小學生們聚集紅色和白色的小積木，以十為單位堆成堆，然後十個單位堆成百，十個百變成千，同時又代表十的三次方。像這樣，數量可用事物代表，而形體被拿來印證算術結果。不過時間一分一秒地過去了。曾當過數學老師的督學後來說了這樣的話：「具體的方法有其好處，但最好是用在事物特性的教學，而不是拿來教抽象的數字關係。算術的教法經過簡化，讓我們不需注意細節和實際單位的類別。進行加法時，你不需去想十位數、百位數、千位數等問題；只需把數字對齊排好，一切只剩下最簡單的運算。按常規行事，放鬆緊繃的腦筋。在做千位數的計算時，沒有人的腦子裡會想幾千樣東西。同樣地，在各種代數變換中也一樣，我們不需去記數量，只要考慮數字間的關係。對於這所有運算，我的首要目標是讓孩子算得又快又好，絕不出錯。」

老教師是一位鄉村哲學家，身經百戰。他打算給督學上一課，於是從容地回答：「假如你把數學視為一項應用，那麼你說得真是對極了：不必思考就可以做算術，也可以操作代數。這就像是，我要讓這些孩子有謀生的能力，於是把他們當成猴子來訓練就行。但我另外保留了時間來教他們思考。而且既然時間很短，我根本不期盼能教物理，因為那些觀念不易掌握。至於其他，如果未曾事先打一點基礎，從思索較簡單的關係著手，就開始思考熱力，或者甚至只是思考壓力的問題，恐怕會教出會思考的猴子，而這樣的例子已屢見不鮮。拯救了代數的是幾何學。但歐幾里德的學問對我的同胞們來說太沉重。至少，透過積木小方塊，我能長時間抓住他們的注意力，用來思量數字與形狀之間最簡單的對應。我的常識課即以這種形式進行。我始終認為，如此著眼的數學是最好的觀察學習場所；現在，我幾乎認為這是學習觀察的唯一場所。因為，看見水沸騰或結冰，完全不是真的清楚看見，只能算是相信，而且對於所信的內容也不太了解。我的小積木卻絲毫騙不了堆疊它們的人。所以，透過科學史，我們看到：關於數字和形狀的知識率先擺脫了天才和眾神的束縛。這足以證明它最簡單，也最適合幼童。而從這些清晰的經驗中所感受到的真實接觸非常珍貴，正是長成大人之所需。」

他出神了一會兒，又接著說：「簡化的算法離實物太遠，切斷了心智與事物之間的關聯。我們都看得出來，這種脫節的腦袋造成奇怪的效果，就連有學問的大人也一樣。二的平方是四，二的立方是八，這可以用簡易算法得出答案。然而，雙倍邊長的正方形必然是原來的四倍，絕對不能容納其他大小的面積；雙倍稜長的立方體，其容量必然等於原來的八倍，這是自然法則，所有物體都須依循，是物理和化學也不能打破的鐵則。依常規或方便行事，這種沒有說服力的想法就此被抹滅。透過簡易算法思考的人反覆老調重彈，不太明白理性亦是一種力量。如果告訴他們：有種新物體不受能量不滅的原則限制，你會看見他們沒有異議，照單全收。但如果對這些孩子說：有一種稀有金屬，製造成雙倍稜邊的立方體，卻變成原單位的九倍，而非八倍，其中或許有兩、三個孩子會嘲笑那名物理學家。所以，無論從事何種操作，人永遠必須感受並保存這份能夠判斷經驗的強大智慧。戰爭主要即源自於無法判斷是非和機械化的思維，難道你不這麼認為嗎？」

督學已騎虎難下，像缺鐵症患者似地不停抖腿，說：「活見鬼！戰爭已經結束，別再談了。」他執行了審查任務，卻很希望忘掉這些不光彩的回憶。

64

懷疑

知識或能力，兩者只能擇其一。無數的人在屋頂上插了天線，以為從此就能接觸到科學；其實是反其道而行。捕捉那些看不見也摸不到的電波是一場獵奇，但也只是一場捕獵而已。那是對能力的好奇，而非對知識的好奇。在巴黎聽見牛津的夜鶯之人，其實既沒學到自然生態也沒學到物理。更糟的是，調整機器就能如此簡單地讓他享有遠方舉行的音樂會，而欲知該如何組裝某個大小的電容器和某段長度的線圈又極度困難，對比之下，他開始嫌惡學習。就算只想知道一點點，也需要繞好大一圈，教人如何能不選擇輕鬆動手指即可收聽的能力？根據一句名言，一旦人之所能超越其所知，他就會選擇能力而放棄知識。自從飛機不需理論學者的批准即可升空，技術人員就把理論當成耳邊風。這類愚蠢的傲慢正以驚人的速度蔓延發展。

那天有個笨蛋說，有鑒於能量是積分的結果，若非有深度的數學家，最好不要談論能量問題。積分的符號被比喻成一條懾人的蛇。有趣的是，若我去找到那麼一位符合資格的數學家，而他建議我，別想透過積分別想了解任何事，除了簡易算法以外；而那的確只是一道簡易算式。這所有功的總和，我們稱之為能量；而若想了解這其中該了解的事，恰與先前那個笨蛋所說的相反，必須放棄簡化和解題的心態，學泰利斯那樣長時間凝思，思考最簡單的例子，運用笛卡兒的四條規則[67]就能輕鬆計算出來的總和，例如利用絞盤升高，然後落在木樁頭上的機動鍛錘。誰能從鐵錘的撞擊中找出所有作用在操縱桿上的功，也就是經由某段長度所產生的力，就已經具有些許能量的概念。但那個想讓我們錯過了解機會的笨蛋到底算什麼？他是時下流行的那種人。他用技術人員的心態說話。著名的柏格森（Bergson）[68]當然從未想過盲從流行，他的幸運之處在於，他剛好走在潮流裡，而且不知不覺地吹捧了技術人員。

千萬不要任自己遲鈍茫然，相反地，應該要想想另一種類型的科學進步：至今前所未見的進步，能在所有人之間散播一點科學真知的進步。且讓機器運作吧！它們運作著，將繼續運作下去。但我所謂的另一種進步，泰利斯以幾何學和天文學兩種研究屬性，即足以促成，而這種進步應能拯救陷入機械主義的神智心靈。所以我等著出現那麼一位電力專家，他操縱手柄的能力非常強大，但我期待他能根據太陽的行進及地球的形狀，推測出在某些地區太陽偶爾能照亮井底。泰利斯開始朝南前進，為了尋找這種他以前不知道的，而且不需要他便自然產生的新現象。這場經驗所改變的只有他這個人。在這些追尋研究中，心智發號施令，大權在握。為什麼呢？因為對於龐然目標，他無法改變任何事；無從操控和改變冬夏至點，因此用最深度的凝思改變自己。於是，透過思考，他終於得知何謂了解，何謂知道。從此，他將自我提升，直到懷疑技術人員究竟會什麼，吹噓了些什麼。懷疑的難度並不低於知道，反而更高。

67 笛卡兒以他持續關注的唯一學問「數學」為藍本，構思而成的四條規則理論：一、「明證規則」，絕不承認任何事物為真，對於我完全不懷疑的事物才視為真理；二、「分析規則」，將問題分割成若干個簡單的部分來處理；三、「綜合規則」，思考從單純事物循序漸進，朝複雜的事物邁進；四、「列舉規則」，也就是毫無遺漏地逐一列舉。

68 亨利・柏格森（Henri Bergson, 1859–1941），法國哲學家，一九二七年諾貝爾文學獎得主，以優美的文筆和具豐富吸引力的思想著稱。以《創造進化論》之作，強調創造與進化並不相斥。

65

幾何學與代數

真的是要比綜合理工人（polytechnicien）[69]更厲害的人，才有辦法把十三和十二加一混為一談。十二有其自身面貌，一亦然，很清楚地十三既不像前者也不像後者。我把十二加上一，造成一種完全的轉變，彷彿多出來的這個位數改變了所有其他位數。再說，有誰不認識我們稱之為三、四、五的這些個體？因此，當新兵一起排列在操場上，一個普通人會從每個新兵身上捕捉到一種適度的平衡，一張無法複製的面貌，一抹一生只見一次的眼神。但我猜綜合理工人眼中只看到一群新兵。是否果真如此，我其實不太確定，因為綜合理工人本身亦是大自然的傑作，而且也有思想；只是，他一旦開始推理，就不願思考。他想出來的，就像人家說的，是一般的看法；他清點人數的方式與清點口糧麵包或炮彈無異。的確，口糧麵包勉強算是一種生命體，而炮彈可一點都不是，除非算上鐵鏽和偶然形成的痕跡，但那些根本不屬於它，因此近似機械。

就某種意義而言，數量的性質是機械式的。加一個，再加一個，會計加加減減，一如機械工人將零件連結分開；他製造總數、積數、商數，因此他完全不是在思考。而證明就是，一台計算機也會製造總數、積數、商數，而且做得比他好，無須塑造任何真實數量，透過齒輪、鐵夾、檔條或螺絲來加了再加或減了又減。既然可以有計算機，那麼也可以有推理機。而代數已經算是一種推理機器：只消轉動手柄，你就能毫不費力地得到一項結果，改用頭腦來做只會痛苦不堪。代數好比一條隧道，你穿山越嶺，不必煩惱沿途村落和蜿蜒的道路，人已經從另一頭出來；而你什麼景色也沒看到。

幾何則是一個奇妙的世界，在那裡可催生各種獨特的點子，彷彿真實的數量一般，但比數量稍微更貼近自然。正如十三和十二加一不同；更明顯地，正如一片面積不同於直線的總和，體積容量則又是另一種存在。一個六角形完全不是五角形多一角，曾經建造正五角形和正六角形的人都很清楚那是兩回事，形狀各有各的面貌。穩固的規則形，如同非實質的晶體，在這趟幾何的旅程中可代表山丘

69 編註：「綜合理工人」特指巴黎綜合理工學院畢業生。創立於一七九四年的巴黎綜合理工學院在拿破崙時期納入軍校體制，至今仍是法國最頂尖且極富盛名的工程師學校。

和峭壁。這才是人的思考模式：類似經驗、想像和兩者各自對其步驟的推演。

但代數有如一陣沙漠的風，襲捲而來。思考的機器輕鬆地、一系列一系列地製造出這一切事物。對應用層面而言，這樣的發展非常好，但會牽引思想踏入奇異的歷險，彷彿製造四度空間的實體。用代數來解，這理所當然；但在幾何學上則不成立，欠缺實驗證明。又或者，如果有人說時間是空間的第四維度；以代數來看，順理成章；但經驗在此告訴我們事實並非如此。

66

語言的翻譯

心智的所有本領都在語言的涵蓋之下。從不思考語言問題的人，等於從不思考任何事。順著這個邏輯想下去，很容易了解：對於只會一種語言的人，聰明才智從不現身；於是他知道外語翻譯成本國語和本國語翻譯成外語是無可取代的學業練習。關於這一點，人們疑問為何現代外語的教學始終比不上拉丁文修辭。好個大哉問，我無法回答。不過這個主題不只是個容易發現的觀察，我們可以做更深入的探討。

有個深具文化教養的青年熱愛英國詩人的作品。他說只有他們才是真正的詩人，自信能通過最高等考試之難關，志在教導法國人英文修辭學。他在寫作項目上名列前茅。他本人現身時，頗受青睞；然而一旦他張口把th和w的發音變得怪腔怪調，便立即遭到鄙視。評審們先是一陣錯愕，聽他坦承其實從未渡過英吉利海峽到對岸後，又為他感到難過，遂建議他花點時間，跟來自倫敦的馬車夫打交道。這種猴戲他一點也不喜歡，便把位置讓給了那些為了發音正確而擠眉弄眼的人。

我聽人講過，有個督學在我們的中學裡教英文。他常從口袋掏出一面小鏡子和一枝筆，用這種方式，同時教學生和老師一堂擠眉弄眼的英文發音課。他經老到地示範如何照著鏡子，利用鉛筆收攏舌頭；他們都做到了將發聲器官調到最好的位置，發出很難發的th音。而透過這類辦法，以及如英國裁縫師般的細心，確實可能讓自己看起來像英國人，甚至具有某種英國精神。不過那只是在模仿動物罷了。這樣的成功卻讓自己成了陌生人，絕對地奇怪陌生。就像一個能完美模仿各沙龍的饒舌的人，他再也出不去了。這副怪臉反映出他的思想。於是，那些我們稱為英文大師的英國產物發展出一套翻譯教學法，我已不僅一次觀察到其荒謬的效果，但他們不容置疑，高高在上，睥睨一切，改變嘴型。這樣的努力對心智來說很奇怪，但又能輕視到什麼程度呢？害怕出醜的恐懼太強烈，占據了整個心神。

假設西塞羅現在在羅馬擔任辯護人。面對來自羅馬的旅人之轉述，看他惟妙惟肖地模仿西塞羅的鼻音，我們滿腹詩書的拉丁文老師會露出什麼樣的表情？一個人能發出另一個人特有的鼻音，必然非常了解他；此話千真萬確。人人都曉得那套外交官教學法，也就是透過模仿來猜測對方最隱祕的想法。不止一次，利用這種猴子學人的方法，我成功地在自己身上引發共鳴，感受到對方的害羞，或是他的渴望、疲憊與某種隱隱的心胸寬大，即使他藏得很好。而這些對實務上的影響可不小。但是這只是跟動物學來的狡猾。如果我跟西塞羅對辯，我的優勢是根據他的語氣和動作猜測他沒說出來的話。但這算是了解嗎？這能充實心靈才智嗎？算不算是採集了他最好的想法，甚至實踐完成？這是對他的認同？幸好沒有任何飯店門童會說拉丁文。因此，在拉丁文的課堂上，絕對沒有鉛筆或小鏡子來幫我們免除思考。

67

直接讀原典

人文科學保存在為數不多的書籍裡，而且，我相信所佔的位子甚至也僅限於一間教室的四面牆。的確，我或許除去了幾千冊只能算是評論的作品，但事情很清楚：如果對重要典籍了解夠深，就不需要讀評論。不朽大作都已聚集在這間教室內，每一部都採用最好的版本；對於古典文化課，我的教學目標在於讓學生知道這裡每本書的內容。在此，我並不是要學生懂得做摘要，因為那等於原味盡失，而是要他們能直接讀柏拉圖、蒙田或聖西蒙的某個段落，知道作者在此定義，或說明，或舉例介紹某個他們正在研究的想法。因為我痛恨別人用差不多的方式和拙劣的語言轉述作者表達得那麼好的內容。關於這一點，我用提問的方式來訓練少年們，同時也訓練自己。比方說：「小說是我們能攜帶上路的鏡子；這句話是誰說的？在哪部作品裡？」或者：「請找出柏拉圖的皮囊，還有智者、獅子和蛇妖」、「找出亞里斯多德談論女人和服從之必要性時說了什麼」、「找出蒙田那場墜馬意外」，要讓學生們一躍起身，毫不猶豫地翻開書頁，用手指出相關段落。筆記、檔案、索引，我全都不要；因為該做的是一讀再讀，最後能熟記這些卓越傑出的篇章。

在沒有拉丁文的今日文化中，我發現最糟的是人們一點也不懂閱讀。外語譯成本國語和本國語譯成外語的練習能讓我們停留在一頁長方形印刷品上，就像藝術收藏家在一幅漂亮的版畫前面駐足一樣。因為收藏家絕不會說：「這幅畫我已經看過了」；他會想一看再看。一篇美麗的篇章也希望被好好研讀，以整體的角度、關聯的角度來看它的光輝與暗影，有時品味細節，有時鳥瞰大局；所以說，必須要學會欣賞。關於這一點，外語對本國語和本國語對外語的翻譯練習無可取代，而拉丁文亦無可取代。

人們想略過拉丁文，但拉丁文是無法忽略的。然而就讓我們試試看吧！但要試就要好好試，謹記文化最主要的敵人即是流暢且從不回頭，從不暫停的閱讀。我剛才提到的所有重要著作，人們大可讀法文版，並從中得到許多收穫。可是注意力該如何集中？恐怕必須反覆閱讀、背誦、抄寫再抄寫。我實在無法確定英文、德文、義大利文的文本是否能像拉丁文一樣，字字引人專注。讀者首先必須打消念頭，別想透過耳聽來理解或發出和當地人一樣標準的口音。可惜人們在意的正是這一類的用途；請注意，這會形成另一種專注力，而我相信它的破壞力足以摧毀頭腦。這樣的敏捷機靈可說是根據唇部運動來捕捉意義，與閱讀賀拉斯（Horace）[70]或塔西佗（Tacite）[71]時該有的緩慢、周全、來回審視、充滿謹慎及保持懷疑的目光，正好背道而馳。這幾張面孔亙古不移，我同意莎士比亞亦值得入列。話說，誰能阻止大家希望像一個英國人觀劇時所理解的那樣去了解他的作品？人們最後總想了解那些緊閉的牙縫中吐出了什麼。於是我們都耍起了猴戲。

70 昆圖斯．賀拉斯．弗拉庫斯（Quintus Horatius Flaccus, 65 B.C.–8 B.C.），羅馬帝國奧古斯都統治時期著名的詩人、批評家、翻譯家，代表作有《詩藝》等。他是古羅馬文學「黃金時代」的代表人之一。

71 塔西佗（Tacite, 約55–120），羅馬帝國執政官、雄辯家、元老院元老，也是著名的歷史學家與文體家，主要著作有《歷史》和《編年史》等書。

68

古典研究

現代人文科學根本不存在，這與協作不等於社會是同一個道理。過去必須照亮現在，否則在我們眼中，當代的人們有如謎樣的動物。我們覺得他們是動物，那是因為我們所學不夠；他們本身的確是動物，因為他們缺乏教育。發明無線電話的人只是一頭聰明的動物，他的心智表現來自其他源頭。

我觀察到在不迷信宗教的類型中，有一種完全站不住腳。教會的教義乍看之下無法論證，甚至荒謬，那就當是這樣吧，我們別管。不過，以時間觀點視事的人會發現許多其他神明、慶典和廟宇殿堂，皆訴說著人間世事。謎題一長串，轉移了對一個綜合理工人竟然去做彌撒的驚愕之情。人們也早已參加過其他許多彌撒。但應該主動接近，多深入了解一點講法律的民族，也就是羅馬人；還有哲人智者的民族，那就是希臘人；卻也別忽略猶太人那個熱烈崇拜信仰的民族。在此，顯現些許微妙的野蠻絕不可能；在此，由於一種無邊無際的恐懼，手和腳，餐桌上的餐刀和奶油罐都有迷信禁忌。另有兩個民族，與我們也十分接近——不過是其他方面——他們所有的森林和所有的山崗處處住著神，有神諭、鳥占卜和腸占卜。埃及和亞述，完全無從了解的兩族，形成遙遠的背景。東方尚在後台作夢，玻里尼西亞人人手舞足蹈。倘若未能幸運地熟悉猶太人、希臘人、羅馬人等在各種智慧層面已如此先進，同時卻又遺留下不少驚人錯誤的民族，我們將對人類一無所知。不懂得這一點的人仍是蠻族，而這要歸因於一種著力錯誤的不信神態度。蒙田可以治療我們，但他要我們讀古人典籍，所以必須勇往投入。要不然就把巴斯卡當成瘋子吧！甚至連笛卡兒也瘋了，因為他曾去洛雷托（Lorette）[72]朝聖。所謂現代人就是這副模樣，我的意思是，他不回顧古文化，看誰都是瘋子。然而我估計他會接觸唯靈論（spiritisme）、神智學（théosophie）和一切驚訝所造成的結果；因為那都是已被超越的時刻。然而，以一種遊戲的方式，必定要超越它們，克服它們。古典研究確保我們腳踏實地，人類在地球上學習信仰，卻不致奮不顧身。我們那些瘋狂的戰爭一定來自於過分相信，如同什麼都沒見識過的那些人會發生的狀況。

玻里尼西亞人使用電話，這並不表示他就是文明人。於是會有那些血淋淋的祭壇，而且沒有供奉神明。但以前所有祭壇皆血淋淋，皆沒有神明。君不見，人道主義者，持著玫瑰裝飾的粉紅葡萄酒，早已用鮮血混合班杜希泉水[73]清洗雙手。酒神女信徒們回到大理石門楣上。詩歌治療狂躁瘋癲。情感受到的驚奇已經馴服，一尊神辭退另一尊。奔騰的半人馬不再掉入驚慌的衝擊。早在蘇格拉底和費德羅（Phèdre）的時代，他們便已將光腳踏在水中，聽流水潺潺為樂。此乃我們的海克力斯任務，我們的精神之旅；透過它們，我們抹除了人類勛章上那低俗狂熱主義。於是絕不殺人的激昂熱情將逐漸成熟。楷模饒勒斯（Jaurès）[74]。所有人的楷模，更是打鐵匠的楷模：因為所有力量皆可畏，對其自身亦然。所以，人人皆可接觸純文學嗎？為什麼不行？讓我們正視這個想法吧！

72 洛雷托位於義大利馬爾凱大區，該地的聖家聖殿是羅馬天主教朝聖地，傳說堂內的房屋曾為聖母瑪利亞所居住。

73 位於義大利的天然清泉。古詩人賀拉斯承諾獻祭一頭羔羊，並歌頌這座泉，祈禱即使在最炎熱的日子裡，泉水也能源源不絕。

74 讓・饒勒斯（Jean Jaurès, 1859–1914），法國社會主義領導者，是最早提倡社會民主主義的人物之一，並因宣揚和平主義觀點及預言第一次世界大戰的發生而聞名。同時也是《人道報》的創辦者。

69 首先從希臘文開始

「首先從希臘文開始」，每當有人不論培育目的，要我針對培育智力這個主題提出建議，我皆如此回答。無論你志在數學或物理，歷史或品德，政治或經濟，或僅僅只為了思考的快樂，我都會先跟你說：「首先從希臘文開始。」當然我也充實現代哲人的作品，但我永遠會在荷馬和柏拉圖的典籍中重新找到，並一再找到一切的源頭，純粹的源頭。有人跟我說，拉丁文、德文、英文也大可孕育一種文化、風格和研究。我不反對。路不止一條，美不止一種，甚至亮光也不止一道。我本人頗具辛梅里亞人[75]性格，喜歡我們的濃霧細雨。但在希臘人絲毫未經淨化的思想中，我經常發現某種野蠻的深度；而純淨的拉丁著作，在此我指的是文化部分，則含有另一種深度，屬於律法的深度。

古希臘是一座不信教的島。在幾位知名大哲以前，我只看到盲目的信仰；但在他們出現之後，遍地可見宗教狂熱，信念開花，一個又一個聖人。這一切造就我們現有的才能。我喜歡這樣的能力，也沒有其他選擇。但我發現古希臘人是當之無愧的和平典範，當時的雕像已呈現出這樣的氣質。而柏拉圖的思想、荷馬的作品，更將這一點表露無遺，我們看見田徑健將奔跑，不知他是人還是神。這種藝術、思想和風格上的美妙，其不可思議之處在於人徹底而喜悅地接受人的地位，並且，在仰頭追尋更完美的境界時，所找到的仍是人，就某種程度來說，是一種不朽的運動健將。如黑格爾所說，這代表著心靈與肉體的和解。

在此之後，我只看見人類努力不懈地想跳開自己的影子，但徒然白費功夫。心靈壯志勃勃，看似藐視激情，卻牽引我們發作情緒。這等於把肌肉的想法轉變成胃袋的想法。在歐洲這個角落，人類已從美進化到崇高。崇高這個概念中，藏有一抹不幸的色彩。古希臘人因自己的惡行而遭到不幸，這只不過是罪有應得。現代人卻自創因行善而遭遇不幸之說。永恆的尤里西斯，還有其他許多英雄，皆從這場奇遇中脫身。但大家都明白我為何對一頭衝進思考這份危險行業的人說：「別輕舉妄動，回到我們心智的起源。先穿上希臘涼鞋吧！」

75 一支古老的印歐人遊牧民族，棲居在高加索和黑海的北岸。荷馬史詩《奧德賽》中，一支「神祕的民族」也被稱為辛梅里安人，生活在位於大洋之外冥界邊緣的一塊黑暗多霧的土地上。

不輕信宗教的時期是一段美好的歷史片刻。若沒有對宗教的懷疑，人們就不會認識信仰。這條路應該重新走過，不止一次，應再走好幾千次。思想如同文明，應從愚蠢的信仰出發，從中解脫，並且永遠解脫，因為人的結構永遠不變，始終是由肚子、心臟和頭腦組成。我們的整段思想中有一段埃及時期，因為在那個被某種思想震撼的人身上，我看到的是埃及面孔。希臘面孔應該從它延續而來，其純淨空白令人讚嘆，近似泰利斯的幾何學。然後是彩繪玻璃窗上的聖人。只是，我了不起的朋友（蘇格拉底常這麼說），請務必留意，在拯救你的心靈之同時，也要拯救那空空如也的頭腦，你需要它才能跑得跟歷史一樣快。因為一切尚未定論，或者更甚：已說出口的也不再算數。一切如新。看看那些衣著華美的才能之士，迷失在他們的物理、政治、經濟和品德學問中。泰利斯、梭倫（Solon）[76]、柏拉圖卻能看出他們是否總是回到相同的問題，永遠求助於女先知咆哮吼處的隱晦神諭。這些思想家被綁手綁腳且痙攣般地不由自主。希臘的奧林帕斯諸神戰勝了野獸眾神。很美的象徵。但重新開戰永遠有其必要。別扔掉你的希臘文法課本。

76 梭倫（Solon, 約638 B.C.–559 B.C.），生於雅典，出身於沒落的貴族。古代雅典的政治家、立法者、詩人，古希臘七賢之一。西元前五九四年出任雅典城邦的執政官，制定法律，進行改革，史稱「梭倫改革」。

70

人性與共同記憶

閱讀荷馬的時候，我與詩人結交，與尤里西斯和阿基里德結交，也與所有讀過這些詩句的人們，以及僅僅聽過這位詩人大名的群眾，皆連成一氣。在他們所有人和我心中，我讓人類發聲，聽凡人的跫音。一般用語以人性（L'Humanité）之美名來稱呼這場凡人的探索，追尋和對人類特徵的凝望。既有詩歌、音樂、繪畫、紀念建築等這種種表徵在前，何需調停，早已和解。然而大家假裝相信全人類社會遠不算是成就；法國、英國、德國，這些才是成績。

那麼就請你站穩這個立場，鞏固它。若能遇到任何思想領袖，請你問他，崇拜或至少敬重，是否為人之常情。不。成就，應該被拿來重視，甚至應該要投以極大的注意力。而且相反地，尊敬與崇拜會造成一些也許根本不存在，但其實應該要存在的觀念，比如尊崇，還有勇氣、正義、節制、智慧等等。而如果我們任由這些意見領袖來營造如同道德文章的可悲公安需求，那就表示我們太不注重我們自身的思想。我甚至可說，我們也太不注重死對頭的想法；因為每個人，每分每秒，都在調整自己去做到應有的樣子，完全不認同其他標準。

但其實有更好的說法。人性是存在的，是既成的事實。孔德以自然主義者的角度視物，最後終於窺見了這項宏偉的存在；它過於宏偉，以至於我們看不見。孔德將這項驚人的大發現扔到我們眼前，告訴我們文明人是最真實、最有生命力的已知存在。這些言論本可啟發巨大的迴響，但不知哪來的祕密警察，竟在牆壁上釘了消音軟墊？社會學家比比皆是，但在自稱孔德弟子的人當中，我沒見過任何一人公開講述這則重大的觀念。所有人都規避，把它一腳踢開。若有大學生想復甦這個觀點，立即會瞥見他的思想導師臉上流露不耐，並且很快就惱羞成怒。請容我讚美那個高貴的傢伙，他沒原諒自己的背叛行徑。

在此簡短介紹這項學說。孔德首先發現今日現有的合作組織不足以定義社會；造就社會的是過去到現在之間的連結。不過那尚不是事件的連結，而是動物性的連結；人並非因為繼承了人類的基因所以就能與人社交，而是他擁有人的共同記憶。共同記憶意謂著重現逝者偉大之處，尤其是最偉大的逝者。這也意謂著盡量向這些淨化後的形象看齊，崇拜逝者生前所願作的那種人，要知道，他們在世時，也曾在幾個珍貴片刻達成。偉大的作品、詩歌、建築物、雕像，皆是這份崇拜的目標。對偉大逝者的頌揚未曾間斷。作家和演說家無不尋求這些巨大幽靈的庇蔭。每個字裡行間都提到他們，甚至只是不經意地，留下那些印成所有語言的人類天才痕跡。透過這份崇拜，人才所以為人。假設人忘卻了這些偉大的回憶、這些詩歌和華麗的言語；假設人將自己局限在自己的守備範圍裡，陣營的守備範圍裡，僅在意警報聲響和憤怒狂吼，在意身體被周遭環境壓抑出的產物，那麼他就是一頭動物，搜尋著肉醬，遇到阻礙就嗡嗡振響，宛如蒼蠅。

人思考人性，或什麼也不思考。孔德大致是這麼說的：「逝者日漸積累出的重量，不斷地將我們不穩定的存在調整得愈來愈好。」請好好聽他的話。我們的思想只不過是一段持續不斷的共同記憶。伊索、蘇格拉底、耶穌，就是我們全部的思想；其他哲人亦逐漸升入人類的天堂。任何一丁點思想上的吉光片羽皆被供上祭壇。詩句、警世寓言、意象、片段的意象、人所留下的鴻泥爪印，所有這一切奧祕皆是我們思想的目標。所謂國家思想根本不存在，我們的思考有更大的團體相伴。無論直接或間接，我們持續不斷地與傑出的幽魂對話，他們的作品，如盲詩人所說，比青銅像更持久耐抗。這個社會絲毫不需營造，它自然成形，累積智慧的寶藏。代代帝國興亡迭替。

71

拉丁文

很久以前，因為前無古人後無來者的柏拉圖，我一直把希臘文放在最高地位。現在，我傾向認為拉丁文或許更適合有才之士。拉丁文距離我們比較近，是我們母語的最初狀態，光從字的組成形式就能看出端倪。但是，正因如此，拉丁文對我們造成的強烈衝擊亦更深切，能更有效地導正我們。它藉助的不是思想，而是形式。形式直接關係到我們的生活，因為動作、態度、情緒，總之我們所有的肌肉運動，都立即連結到話語表現；於是這些強勢的簡練修辭，一個字與另一個字之間的橋梁，維吉爾式的謎語，最終將我們的思想化為姿態舉止，正如鄉下人的用語表現。人人都有經驗：內心真正的想法最初帶著家鄉的口音。就我自己來說，我冥思時心裡說的是諾曼地土語，而非城裡的官話。但拉丁文的鄉土性還要更深。那些思想完全發自土壤，滿載希望。因此我常注意到，希臘文獻傳授得較多，但拉丁文獻孕育得較好。

我的拉丁文程度不錯，足以推崇某位優秀的拉丁語學家，甚至定義他的風格。那位大師從來不像人們所想的那樣耗損他的聰明才智，至少絕不過早使用。我十分讚賞他，因為他根據文法規則和字詞原有的本義去解說意義。當聰巧且總是頗具野心的智力在某個難解的句型結構卡關，那可真是一記當頭棒喝。就像這樣，他提醒我們應該用人性的方式思考，意思是顧及專屬人類並已被認可的標記，而非天馬行空地想像。而這正是當今一些抽象思想家終究會遺忘的事，因為他們根本不具人文底蘊。我們所要了解的根本不是想法，而是許多事物和徵兆；徵兆即是與人相關的事物。我甚至可說，事物，例如太陽、月亮、江河或六月的玫瑰，仍留給我們太大的自由空間，因為它們太清楚顯示何以一場漫無目的的夢境，或抽象的思維會受到推崇，而人類的標記卻不被重視。外國人永遠不會被真正了解，因為他總在解釋自己正在做的事，多麼可惜！於是對他來說，他變得不知道自己是誰，對我來說也是。幸好默示是一種不變的表示，而且只是一種表示。所有藝術品都因為流露出這種專橫的表示，所以能挽留有才之士的腳步，聚集他們的目光。不過，在所有紀錄文字中，對法國人來說，拉丁文獨占這項好處：它讓我們因為第一眼的相似而不敢輕舉妄動，一定要先被否定，然後重新拾回。

根據這些觀察發現，我們可以了解經驗所傳達的事物；而最先引發的軒然大波，就是英文版或德文版完全無法取代拉丁文本。這件事，我會先這麼看：通俗用法是讓我們通往現代作者的鑰匙，絲毫不讓我們去追究字面意義；於是我們四處搜尋，而這對誰都沒有好處。我並認為現代思想完全不如古代典籍那麼令人期待，延續它還不如駁斥它來得輕鬆。所以閱讀莎士比亞或歌德時總令人一絲悲傷；我感覺到，對我們來說，就在此時此刻，有種什麼已逝去。現代世界，從他們算起，發展得不夠遼闊。

72

先從靜態開始

生理學家說，家庭是一種社會；我不想否認，但這個結構拒絕社會法則，例如正義、法律、平等以及其他各種外來成員。家庭是生物性的，誰也無法改變什麼。法則可以規範許多事，但無法規定心臟的位置要改到右邊。

「然而，」社會學家說，「如同我們常掛在嘴邊的，家庭仍然產生了演變。在我國，父母親的權力與在羅馬的父母親不一樣。我們可以找到過去一種較奇怪的家庭制度所留下來的痕跡：以往，父親遭到忽視，孩子的名字由母親來取；或者，雄性領導者的角色由母親的兄弟來扮演，現在則由做父親的來擔當。而請不要以為過去那種制度不講操守；在那時，雄性領導者和母親之間若產生愛情，那可是滔天大罪。」

「我知道你想說什麼，」閱讀愛好者說。「這種多元的風俗變化，人們出於好意，在原始和文明之間發展出的這些奇怪差異，這一切都阻斷了人文性。儘管已不下百次，但請容我再度向一項古老的知識致敬：野蠻人會吃掉自己的父親。而你正將被拆解成塊的人丟給師範學校的學生，要他們重新縫合，如果他們做得到的話。」

社會學家說，「實情並非討人喜歡的那一種，我一點辦法也沒有。像阿勒昆（Arlequin）[77]那樣，相信到處都跟這裡差不多，多少還是有些愚蠢。彗星的真實狀況已瓦解大家本認定是永恆真理的論點。同樣地，實證社會學將能打開一片有各種可能性的廣大天地。愛因斯坦已經讓我們開始使用以前我們不懂得擁有的新連結，我指的是動腦思考的方式。所以讓我們解開心結，身段放軟吧！」

「很好。」生理學家說。「但這些比喻讓我害怕。腿上多一個關節，對純粹舞文弄墨的人來說，還有更簡單的想像嗎？可是我們絕不會看到這種狀況。一個機體組織是各種條件之間成功達到連結與平衡的奇妙結果。就我所知，變化的可能性微乎其微。而且，關於愛因斯坦，我的看法是，他根本沒改變任何事情。布瓦

77 義大利即興劇中的小角色；常戴面具，身著菱形塊彩色長衫。

斯（Bouasse）[78]質疑他是否該重寫光學論文，卻沒有人回應。當出現大量的靜態，朋友們，動力必伴隨而來。」

閱讀愛好者說，「你讓我想起，某位叫奧古斯特．孔德的人曾寫過關於社會學的看法。他甚至廣泛地解釋說這門科學需仰賴所有以前的科學，並以它們為前提才能存在。但是大家不難理解歷史學家那種詭異的學者，他們狡猾地忽視數學、力學、物理、化學和生物；而若歷史學家把社會學納入他們的領域，豈不好笑？那位孔德還特意表示：畸型的家庭形態，還有怪獸，只能利用實際類型來解釋；他還推斷了他的社會靜態所需的生物條件，在我看來似乎根本沒有人要讀。至少，大家都應該要知道那是推演的結果，需仰賴一種更難以具象也更先進的科學指引，而這門學問在所有的研究中，都提供了實驗的關鍵。但各位社會學者都忽視此事，若不是開心慶幸，就是傲慢自矜。所以，閣下，我親愛的社會學家，你很幸運地屬於開心的那一群，根本沒聽我說話，頻頻看錶；時間到了，我很清楚你又該去講課了：依照各個年代，上一堂關於家庭、建築、習俗、農業或任何課程。關上教室門之前，再給你一個建議：單獨來看，動力一開始很簡單，但沒過多久就變得無法理解。所以請你先從靜態開始。」

回應他的是一扇玻璃門的反光。知識販子露出微笑。

78 亨利．布瓦斯（Henri Bouasse, 1866–1953），法國物理學家，任教於土魯斯大學（Université de Toulouse），撰寫了一套四十五冊的物理學論述，序言中抨擊法國科學教育制度，也反對二十世紀的新物理學，如相對論和量子力學。

73

警告用的小鈴鐺

小時候我是個壞學生，以後也一直都會是。多少次，兩個哲學審訊官抓住我拷問；他們頭上戴著尖長帽，帽尖上有個警告用的小鈴鐺。只要我一張開嘴，必被歸為異端，而且是些標新立異的說法；我的兩位大夫無話可說，總之也不會說什麼，因為他們十分有禮貌。但在尖長帽不耐煩的搖晃之下，小鈴鐺會哐噹作響以示警告。第三頂警鈴尖帽就在放我面前，保證是我的，只要我乖乖守規矩。他們白忙了一場。如今，當我再度遇見某個賣尖帽的生意人，他不再給我優惠，而在他那張兜售販子的臉上，我看到正經的神情，還有一絲煩憂：那是快倒店的生意人的典型表情。

但以前那兩位大夫輪流發言時，都說了些什麼？他們本來該說什麼呢？幾乎沒什麼。其中一位說：「無意識。無心插柳。」另外一位說：「想法的結合。」就像莫里哀的戲劇那樣放血再淨化，這種方式可治療所有病痛。所以，如果恰如其分地顯現無心插柳或結合的成果，根本不會有不能立即闡明的問題。那個男人也好，這個女人也好。我一直很喜歡喬瑟夫·德·麥斯特（Joseph de Maistre）[79]的名言：「自然？那麼那個女人算什麼？」我彷彿看見他搖著頭。如果當時他戴著警鈴尖帽，他就不會做這個動作了。

所以，我的兩位大夫只是在複誦他們的課程。一位說我們的思想得力於一位看不見的同伴，而當我們知道自己在想什麼，一切就已經解決。打從好幾個世代以來，透過另一個我，那個我所不認識，但比我更像我的人我；而且他或許有自知之明，知道的是他，而非我。「但是，」另一位大夫說，「輿論是什麼？難道不是兩種勾結在一起的想法？要知道，這兩種想法本來就在人的腦子裡徘徊；突然間，因為一件微乎其微的小事，其中一種的鉤子鉤住了另一種的環釦。而就是從那時候開始，你的女兒不再開口。」在這些驚人的言論中，我最讚嘆的部分是，我的兩名大夫從一端申論到另一端，過程中並未晃動鈴鐺，彷彿一個參加舞會的女人，全程只顧她的頭髮是否凌亂。而向上仰望的目光使他們的表情像在沉思，我

79 喬瑟夫·德·麥斯特（Joseph de Maistre, 1753–1821），哲學家、作家、律師及外交官。在法國大革命之後的期間，挺身為階級社會與君主制辯護。保守主義人物。

看在眼裡，益發欽佩。於是第三種思想成形；我好比被索邦大學錄取的龐大古埃（Pantagruel）[80]，自由自在地搖著頭，自言自語：「不，兩位的思想其實並非無心插柳，亦非鉤子和環扣所能解釋，真正的原由是一顆懸在你們尖長帽頂的鈴鐺。」

這則想法實有其價值；我再三玩味思考，沒有一次不察覺其中各種深遠的觀點。因為，會搖撼尖帽的思想是假的，無論如何都是假的，得到的回報也最少，而本當如此。如果每一頂尖帽上的鈴鐺都會響，那麼人們對那哐噹作響的嘈雜會抱有某種想像：那是哲學家的，部會首長的，甚或軍人統帥的警鈴。尖帽愈高，公正無私的鈴鐺就愈容易搖響。鈴鐺響起，群犬狂吠；而粗心的大夫這才曉得，這種想法倘若問世會多麼地糟糕；但它與鈴響互相應和。我經常聽那些小心翼翼的講者說話，他們經常急轉直下，而我一直很佩服他們能遠遠地察覺某個危險想法的歧路，不致踏入。但是請更深入地看待他們的謹慎：其實他們一直小心著自己的警鈴。東正教憑藉的就是隆重的典儀。為公平起見，我必須說：跟很多其他想法一樣，這個想法突然出現在我腦中，就好像自己正在跨越藩籬，一腳在那邊，一腳還在這邊；由此可見，設立尖帽警鈴確實有其必要。

80 《巨人傳》（*Pantagruel*）中的人物，由法國文藝復興時期代表作家弗朗索瓦‧拉伯雷（François Rabelais）所著。

74 奧古斯特·孔德

心理學和社會學一起突擊初等教育。社會學介入，這是好事。正史欠缺發展空間和遠景，各機構被軼事淹沒；我們應重建世界共通史的概念，如此一來，人文特質將明顯地呈現在孩子面前顯現。當今官方的社會學家們或許不完全如此認為，但那一點也無所謂。實證社會學的宏偉觀念出自孔德，我們的教師應往這個方向動手挖掘；這個論點將以實力贏得勝利。

心理學則是一門基礎不穩的科學，由一些喜歡高談闊論的人和醫生各自貢獻一點自己的看法，拼湊而成。在此，我敢大言不慚地告訴教師們：別把心力浪費在這門虛浮混亂的研究上，各位根本無法從中得到任何收穫。既然，透過社會學的強大觀點，教師必將回歸孔德的學說，他們也會詳細得知這位審慎的思想家對心理學的評價。請勿擔憂，這位聰明絕頂的大師很清楚自己要帶領各位去哪裡。在實證哲學始祖至今仍很新穎的幾項發現中，別忘了這一項：個體的心智法則難以察見，只有放在整個種族中才得以顯現。所以，如果要講究字句，應該要說，實證心理學若不發展成社會學的一環，就是根本與社會學無關。不過我想舉個例子來說明這些優越的看法，由於它們，現今所有的心理學藏書都該用木杵搗碎銷毀。

所有心理學者都被導向思考各種觀念的起源，而在這一點上，爭論無比激烈，模稜兩可的觀點層出不窮。誤入歧途。只要這些觀察者認真讀過《社會靜力學》（*Statique Sociale*）[81]中那篇不朽的章節〈人類語言的實證理論〉（Théorie positive du langage humain），想必就能明白，孩子在學會思考之前要先學會說話；或者也可這麼說：他在學說話時一面學習思考。由此可證，他起初思考的是最抽象和最艱難的觀念，所根據的完全不是他淺短的物理學經驗，而是一種政治經驗。這種經驗只以人類所呈現出的景況來闡明文字意義。母親和保母的屏障長期阻隔在孩子和事物之間，當孩子走出來，用自已的雙眼和雙手接觸實質物體進而探究時，他已

81「社會靜力學」是孔德實證社會學的兩個主要部分之一。孔德為社會學規定的研究內容是「秩序與進步」，相應地，其社會學思想分為動力學與靜力學兩部分。靜力學的主題就是社會秩序或社會協調，即社會各個構成部分之間平衡、和諧與穩定的關係。

經是一位形而上學者、理論家、詩人和預言家了。我們對此莫可奈何；但這是一件可喜之事，因為人類因而得以迅速消化漫長的幼年期。

現在來看，人類最初的觀念會是什麼呢？絕對不是從簡單和諧的經驗所汲取的想法，相反地，是一些瘋狂的點子，來自使始終模稜兩可的政治經驗，而且立即魯莽地延伸到星星，立即被讚揚、歌頌、崇拜，與從經驗而得的教訓唱反調。透過民間故事與神話，我們對人類幼年期這種大膽隨興的思想有些許淺薄的概念。但是如今的社會學者受到孔德的激勵，已將空乏的拜物主義研究推展得非常遠。的確，由於規避了大師那令人激賞的整體精神，他們根本無法從那些野蠻的想法中辨識出自己的思想。這就是我為什麼會對那些想長知識的人說：「請把奧古斯特．孔德的著述當成《聖經》來讀，十年後，你就不必把索邦大學那群人放在眼裡。」

75

孩子的認真本性

初等教育已向精神科醫生投降。我們知道他們把理性的人類改造成瘋子，錯得多麼離譜。根據機械原理，的確，一架走音的豎琴和調好音準的豎琴之間幾乎大同小異。在正常人身上，一切運作就好像豎琴本身會持續校準音高。因此，一般人能克服機械的強大，輕鬆愉快地面對人類的行為成果，不像瘋子翻滾下坡，並因為一點小小的差異就超乎想像地脫離理性甚遠；他的話語，我們聽來似乎還有一點意思，但對他自己而言卻完全沒有意義。所以有那麼一段落差，若精神科醫生不夠卓越，就看不出來。然而卓越的醫生，或許比偉大的音樂家更稀有。

有些孩子不太正常，人們想用遲緩兒來稱呼他們；這個稱呼並不適當。這背後藏著一個美化表面的概念，但其實完全不足以解決問題。因為，所謂發展遲緩的孩子好比一個年紀更小的孩子，只是長到了七歲左右卻還在嗷嗷待哺的狀態。但事情沒有那麼簡單。在我們找方法教他顏色的時候，在我們測試各種方法教他顏色的時候，正常的孩子有驚人的跳躍性發展，並以主宰的心態去征服世界。而若教育者還在裝小孩，小大人心裡已經輕視他，乾脆也裝起小孩去討好他。然而醫生把遲緩兒們聚集起來，努力教他們一些東西，這樣的舉動立意良善。但是，當他成功地敲開那些叛逆的記憶，調教不穩定的專注力，便以為找到了教育的祕密，還要我們參考。而且，學校老師所做的一切，在他看來都沒有重點，或過於早熟。於是出現了那些可笑的研討大會，把教師們當小孩看，要他們學孩子拼b—a—ba。

比方說，首要之務是將遲緩兒分類，以便確實了解他們的程度。有人聽見單字可以聯想所指的事物；有人看見姿勢或動作時可以聯想到事物；有人看見一般的相近事物時會聯想到某事物（例如看見鋸子想到森林），還有人看到了卻也想不到；有人能模仿起來，卻不再繼續，也有人持續下去，依此類推；我們都能區分。有人只知道可以坐在椅子上，另一個則曉得椅子若倒了要扶起來……於是出現了那些「測驗」或試題，指點我們應如何對待這些人類幼蟲。但小學生反而對醫生加以嘲笑。

他們到我們的學校裡四處推銷各種驚人的發明；驚人，因為支持那些發明的論點，也因為可信度。其中有人想像出一個關節能活動的紙板人，能折出各種姿態，代表字母和數字，說實話並不怎麼像。另外有人要我們在咬字發子音時配上某種相關姿勢，像是發n這個音的時候捏鼻子，發m的時候拍胸脯。預知詳情，請大家去讀布瓦和佩居榭的故事；那兩個傢伙為了記住希爾佩里克（Chilpéric）這個名字，模仿「ric」、「ric」的油炸聲來做練習。這些發明家與醫生是一丘之貉。孩子們並不覺得那些教法讓他們特別不舒服，一樣照單全收。而我卻看見其中有不當之處：首先，對已經很忙的老師們來說，這是在浪費時間；除此之外，上這種課的孩子幾乎從來沒有發揮實力用功，辜負了他們的期待，我甚至敢說，辜負了他們最美的未來展望，因而養成了一種觀念，以為學習並不困難，學校裡的課業只不過是按規則進行的遊戲。這會造成一種有方法的注意力渙散，以及冠冕堂皇的早衰；在大名鼎鼎的兒童樂園裡，我驚訝地察覺到好幾種相關徵兆。不過孩子的認真本性終會獲勝，幸好他的志氣比大人所設的標準高。

76 大器的社會學

小學教師翻閱著一本社會學教材，據我所知，那是特別編給他的使用書。我發現書本上滿是認真閱讀的記號。我所認識的這位老師是個不迷信、滿腔熱忱、執著，並且嚴謹的人。我瞥見他的臉上彷彿冒著一層不確定的迷霧，隨後又一掃陰霾，正面迎向問題，恢復平時的模樣。他問我：「如果你有個任務是給小學教師上社會學的課，你會怎麼做？」

「完全不麻煩，」我對他說，「一點也不難。我會把孔德的四冊《實證政治體系》（*Politique Positive*）重新讀一次；至於六冊《實證哲學講義》（*Philosophie Positive*），我只需牢記仍十分鮮明的現有記憶就夠了。在這龐大的結構中，首先我會以暖身的角度來看科學的發展後續及歷史，那同時也是宗教的歷史。我會強調：所有關乎人類和世界的人性概念，一開始皆具有神學色彩，因為童真與想像總是一馬當先。因此，讓孩子了解為何第一個浮現的念頭最不真實，是非常重要的事。宗教即因此被歸入自然事物之列。舉這個例子說明社會學與歷史的差異之後，我就能導入另一個觀念：社會學是所有學問中最複雜的一項，與其他所有科目關係密切，亦是最後一門脫離神學的學問。以同樣這個觀點來縱觀所有知識及其緩慢的發展，對我來說，亦是一個社會學研究的例子。因為，各門科學的發展與政治及道德的進步息息相關：從初始的神權政治到軍事文明，最後到工業文明，亦即我們所處的時期。

這一切用三到四堂課結束，因為我會遵從整體的精神，根據大師所述，逐步介紹他的三項主要理論。首先是關於家庭的理論：家庭是所有社會的基本單位，藉此機會可說明社會學為何取決於生物學。順著這條脈絡，我會描述戀物行為，視之為社會的第一場磨練。然後我會帶到國家理論。而在這個充滿陷阱的主題上，我將盡可能忠於我的大師作者，闡揚他的思想：國家這個文明階段將人類拉出家庭之外，以更廣泛的感受跟他交流，幾乎與生物性的感受一樣強烈。這是在訓練他去懂得並喜愛全體人類。就這樣，我來到這個題目的主要原則。我會根據暖身課程所做的準備，解釋人是一種孤獨的存在，一個單獨的社會要靠知識和對人文性的崇拜，尤其要尊崇人類中偉大的佼佼者，才能達到道德境界。講解完這個部分後，我只需要照本宣科，念出實證主義日曆[82]，僅稍微簡化，給我的聽眾一份年度紀念行事曆。透過這份年曆，學校可實際參與真正的人性思想，所有課業、閱讀、書寫、算術、歷史、地理、品德，毫無例外地依序遵循這一位位模範教師的教誨。」

「太好了，我喜歡。」他說。「但在這本教材裡，你剛才所說的，我一個字都找不到。它讓我不由得大吃一驚。」

我告訴他，「這是因為社會學有兩種：大器的和小器的。小器的社會學，第一，絕口不提科學的秩序，竟能忽略原始及較簡單的科學，真是令人佩服。第二，關於家庭，小器社會學堅持顧及野蠻的風俗，以驚嚇自己和驚嚇別人為樂。第三，關於國家，小器社會學所持有的態度和參謀部的教條差不多，認為社會的地位相當於人類的一位神明，整個道德精神在於感受並崇拜社交關係。從這個角度來看，社會學形同政府的官方意見，並順理成章地得到政府支助。至於人性，小器社會學並不在意，或者應該說，把這個部分推延到更美好的未來，到那時，繁雜大量的事實應該已經過篩濾，建立檔案；畢竟，整體精神已藉由這種歷史悠久的方法嚴格制定。」

「正是如此！」他忍不住嚷了起來，「這下子我有了讀這本教材的捷徑！」

82 孔德曾於一八四九年編製一種日曆，一年十三個月，每個月二十八天，每天都以歷史上各領域的著名人物來命名。

77 社會學與人性

那位教師問我：「社會學究竟是什麼？這個最新的、龐大的，而且就像是如果不懂，就一無所知什麼也不懂的奧祕，究竟是什麼？如此專橫的野心可不是針對野蠻怪論發表幾個看法就能辦到。那些人要往哪兒走？改變政治嗎？但是想往哪個方向改？目的何在？還是說，那只是一股潮流，終究會過去？」

我回答他：「社會學在目前成了一種宗教狂熱。孔德確實創建了一派偉大的學說，有如我們情感和思想的物理學。人只有處於人類社會中才算是人，而這個社會與太陽系一樣是自然且不可避免的體系，我們需要與它一起好好運轉。若是不具實際科學的知識，這些恢宏的觀點令人難以接受。既然人們長久以來崇拜太陽和月亮，便也很有可能根據第一運動定律，直接去崇拜社會。這項對社會的需求對我們而言如此接近，如此親密，如此感人，為了掌控它，實證精神亦不可或缺。而這份精神需透過天文學、物理學、生物學等一系列科學逐漸形成。比方說，被生物遺傳學壓垮的有才之人並不在少數。因為他們對這項學識不太了解。表面上，物理和化學教我們的是透過一種簡明粗淺的觀點，看這些推動我們的巨大原子漩渦所受到的支配。事實上，這些科學教我們的是能量。正如培根所言，人類戰勝大自然的方式在於服從大自然。不過我們必須知道得很深入，而且正確，而且要知道很多，才不會對物理化學失望。同樣地，更理所當然地，從事生物學研究需要強大的腦力，而且要具備基礎。這副頭腦要真的懂得照料與治療，想像自己患有各種疾病，到處看見細菌，卻並不十分驚嚇。還有更厲害的：社會學的新手學徒對這座龐大的器官組織感到害怕，而他只是其中的一根卑微可憐的螺釘。他沒有試圖了解，而是裝模作樣地說教和朗誦；他成了先知，成了深信不疑的信徒。」

「人們對於涂爾幹（Émile Durkheim）[83]的評論頗符合這個觀念。但孔德本人難道不是某種密教主義者或有宗教幻象的人？」教師說道。

「關於孔德，」我回答，「誰都不能信，只能相信孔德的著述。總共只有十冊，

83 艾彌爾・涂爾幹（Émile Durkheim, 1858–1917），法國社會學家、人類學家，與卡爾・馬克思（Karl Marx）及馬克斯・韋伯（Max Weber）並列為社會學三大奠基者。

透過百科全書般的知識學養，納入了所有一切，甚至包含真實的密教。但孔德本人已非常清楚地預見，如果科學任憑純粹賣弄文采的人操作，可能會變成什麼樣的新形態。無論是誰，只要不懂天文學、物理學和生物學，當他談論社會學時，絕對不要相信他。可悲的宿命論；可悲的宗教狂熱……」

「如果我沒想錯的話，」教師說，「這完美地回應了戰爭所帶來的悲慘經驗。因為人們在當時很容易受到宗教啟示，也很容易陷入失望，卻也並非沒有一種野性、不人道的快樂，特別是那些不去實踐，只空想和感受的人。你讓我想到蠻族這個現今社會學家消化不了豐富資源；野蠻人正是這類宗教狂熱分子，瘋狂地注重傳統、喧鬧嘈雜、模仿、扔出意見；這一切皆因為對於所有相關領域，他們缺乏真正的知識。」

「我們談及重點了。」我告訴他，「在此，我們需要的是冷酷的雙眼，是實證態度的精神，絕非說教和自以為是。畢竟，感受自己身上的細菌和遺傳特性如果算是危險的事，那麼，承認自己的狂熱激進，社會怪獸的存在及強大，就更加危險。不迷信是所有科學的工具。但是，我們那些準備不足，相信天文學卻對天文一無所知，相信物理卻對物理一無所知的社會學家們，在此能做什麼？」

「我懂了。」他顯得有些懷疑地說，「可是，如果我準備概略描繪實證社會學，難道沒有其他該謹慎注意的規定？」

「有的。」我回答：「孔德早已發現，社會學的精神其實就是整體精神，這即表示要對抗一切專精的研究企圖，支持只有一個社會的理論。真正社會學家的初衷，以及賦予各個部分、細節及時刻意義的，正是人性本身。可以確定的事實是，若是沒有泰利斯、托勒密、喜帕恰斯（Hipparque）[84]，科學不會有現今的規模；若少了來自猶地亞（Judée）[85]和希臘的重要改革，現今的風俗應該不一樣；如果羅馬未曾征服高盧，我國的法律想必不同。所以，我們絕不僅是這片土地之子。請讀孔德吧！你可以見識他如何寫歷史。至於蠻族，拜物這個觀念，依照實證派大哲忠於比較方法所做出的描述，恰如其分地闡明了他們天真的信仰。不過，他的幾位忠實弟子從來沒機會上台公開宣揚其理念，除了他們之外，孔德已被所有人遺忘且遺棄。誰會相信實證精神仍是人道復興的最佳指導方針？」

84 喜帕恰斯（Hipparque, 約 195 B.C.–125 B.C.），古希臘天文學家，有「方位天文學之父」之稱。創立星等的概念，亦發現了歲差現象。

85 別稱耶路撒冷山地。

78 正確的精神

考試是意志力的鍛鍊。從這點來看，所有考試都精彩也都有益。有些人找理由原諒自己，聲稱因為緊張而膽怯、煩亂、腦袋空白；這種藉口很糟糕。期望過高，過度害怕，總之完全無法拿出魄力掌控自己，這些失誤其實是最大的錯，或許正是唯一的錯。對於不懂的人，我還能放他一馬，或者更進一步，我會去找出應試者知道哪些部分，然後鼓勵他往那方面深入鑽研。可是，一個明明已經精通明白的男孩或女孩，本來可以對答如流，卻因為太過恐懼而陷入愣在原處的狀態，面對他，你要我作何感想？在無關輸贏的時候，要好好推理思考太容易了。先用這個方式著手練習，很好沒問題。學校看上去是很美好的地方，因為在那裡犯錯從來不會導致嚴重的後果，只不過浪費幾張紙而已。但是若有個男孩已經做過上百道綜合題目，再也不覺得困難，在考試當天，面對相同的問題，卻竟然失去推理能力；或者，本來已經找出正確答案，卻突然像昏了頭似的，全軍覆沒；

這樣的經驗可真丟人。同樣的道理，有位槍手拿紙板野豬打靶，訓練成績斐然，有一天他必須槍殺獵物以拯救自己的生命，卻在那一天射偏了。知道卻完全不懂得應用其所知，這比不知道還糟。不知不懂沒有關係，並不致顯露任何心智上的缺陷；相反地，情緒上的失誤揭示一份教養不足的心靈，我甚至認為那是不正確的精神。

何謂正確的精神？請斟酌這個強烈卻又如此自然的用詞。這個說法要表達的意思是，當一個人在他已熟知的事情上出錯，其實是受到傲慢心態的刺激，他自認已達巔峰，就像那些專橫的孩子，從來不知道等一等。在一般的法文中，也用「那人被自己矇騙」(un homme se trompe)來表示他出了錯；這個用語形容得真好。出錯之後，他才使出全力撲向自己脆弱的思維。然而，若我用同等激烈的力氣去開啟一道很難開的鎖，那副鎖必然也有所防備，並牽引調整我的動作，非我所能控制。我的思維並非站不住腳，反而只有我能承受它，只有透過控管良好的專注力，思緒才會誕生，才會保存；甚至可以說，只有欲望會使它滅亡。任何一點傲慢或野心的跡象都會讓我們便得愚蠢，這或許是人類最嚴苛，也是最不為人知的法則。

家庭精神深入來看其實是野蠻的。那是強烈情感的效應，理所當然地認為一切都是他們應得的。當孩子大部分的時間都根據這種心意策略生活，後來他總會重視友情，尋找情誼的徵兆。於是，當他獨自在應考教室內，遠離那種習慣擁有的溫暖援助，簡直就像在接待室苦等機會求救的人。或可這麼說，他凝視自己的無能，這並非好事；更糟的是，他因為得不到愛而憤慨起來。他等著展現野心的那一刻，在那一刻，他將受到歡迎，雖然他並不夠資格。然而他將等待很久，將一直等待下去；因為人類的世界就靠賣苦瓜臉騙人，但他一直在等各種服務，以及政府發揮價值。這就是為什麼考試這個關卡既有效又公平。儘管是些簡單的裝腔作勢，連這個都無法克服的人以後什麼難關都過不了；不是因為懶惰和無知，而是由於一種自命不凡，以及這聲聲不厭其煩的吶喊：「我！我！」然而，這喊聲會打動一位父親、一位母親，有時甚至能打動平庸的教授，或暫時性地打動任何人；問題卻依然裝聾作啞。

79

小學生的整體精神

我完全不反對全國總競試制度（Concours Général）[86]。那是一種按規則進行的遊戲，如同用球比賽或拿拍子比賽。我們知道身手不靈活、不懂得拋球或回擊的人，正好是最佳觀眾；他們討論每一記擊球，全心全意地對冠軍喝彩，不帶一絲嫉妒。同樣地，有那麼一大群小學生也形成一個業餘愛好者的圈子，幾何學、拉丁文翻譯或法文演說，各有所長。要知道，一個完全不用功而且成績不好的小傢伙，幾乎總對實力最強的那幾位有意見，於是恰好適合分析預測，甚至在某人或另一人身上下賭注。另外也不該忽視欣賞讚嘆的快樂，在青春年少和所有人身上，這種幸福感皆非常強烈；但首先應訓練孩子去感受它，這是隆重氣勢所做的貢獻，一方面也喚醒了整體精神。這種感受與獸性十分接近，必然走向愚蠢、不正確、暴力；但這感受也很強大，解救個體擺脫其自身的悲慘、屈辱、妒羨和煩惱。而

86 法國創建於一七四七年的全國競賽，評選中學及職校中各科目最優良的學生。波特萊爾、韓波、雨果都曾得過此獎。

且，根據我的看法，慷慨之心即在此尋找出口；這種盲目的美德幾乎造成人類所有的苦惱。

田徑比賽，藉由比賽項目的嚴苛與真實，已淨化了各種形式的雄心，這一點不言可喻。但若辯稱一般人只對拳打腳踢感興趣，則淪為憤世嫉俗的論點，不堅固可靠，甚至一點也不切實際。沒有任何人會輕視自己的批判，這一點從常發生的爭論即可看出；而我甚至相信，平庸至極的人會覺得自己更像一位帥氣的詩人，或一位強而有力的演說家，而非一名百戰百勝的拳擊手。因為關於拳擊，人們沒有什麼可說，只能讚美旗鼓相當；但對於精神性的事物，大家就敢發言，而這些話聽起來悅耳。所以，在競爭、模仿和讚美這些賽事中，設立最高、最受景仰以及最接近的目標，好處不止一點點。整個思緒時時處於領悟的狀態，而第一份感受即囊括所有可能的想法。那個天才以話語留下的紀錄，正是我們每個人都想說且差點說出口的。

在學校排名中，惹麻煩的是後段的差名次，而非前段好名次。後段生認證並評估中段的庸才，還有自己身上的標章。我比較喜歡讓最突出的一、兩位戴上桂冠，然後將其他所有人一視同仁。這些人就像密密麻麻且難以分辨的一大群同齡之人，所有人都獲准得到讚賞的榮幸。感覺上我已多次觀察，而歲月一點也沒抹去痕跡；每個人都自誇曾經與某位贏得所有桂冠的同學坐在同一排讀書。若從負面的角度來看，這種感覺頗為可笑，只不過是虛榮加幼稚。然而，平庸的學生的確曾用某種方式，甚至十分密切地參與這些功課，並欣見其成果。他讀的是一樣的作者，一樣的書，一樣的話語；所有企圖都具體成形，化為這光芒四射的成就，再怎麼模糊隱晦的想法都明朗起來，而且條理井然。這就好像一個艱澀難句的真正意義，或一則難懂思想的發展實況，忽然為還在路上停滯不前的人照亮了心底的想法。模範作家比較遙不可及，模範同儕則十分熟稔親近；由於那份尚稱新鮮的天真無知，那些所有小學生都會犯的錯，還有共同相處時的單純，奇蹟或天之驕子這類想法完全被抹滅。而這種來自小學生的批判，拉近與得獎者的距離，卻一點也不貶低他的榮耀；相反地，他能提升其他人克服放棄課業的可悲念頭，那是這個年紀最糟的損失。只是，必須承認，這種因心悅誠服而產生的與有榮焉之感，本身可能是脆弱的，需有整體精神來支撐：歡呼喝彩，頒獎典禮，首先以外在的方式和一種無與倫比的能量掃除悲傷、屈辱和不甘。於是，大家都將學會以他人的目光為自己的想法歡呼喝彩，訓練之法就從懂得閱讀開始。

80

搖撼大樹

考試的時候，老人坐在桌子這一邊，年輕人坐另一邊。年長者至少多出一倍。注意力，不必贅言。年輕人集中注意力，模仿風霜皺紋使自己看起來老一點。老年人不甘示弱，偶爾做出靈活的舉動，還有顯現礦物質足夠的猛然彈跳；這是為了嚇唬人。而年輕人利用那種經常可見的，介於克服恐懼和按捺怒氣之間的模糊情緒，也假裝被嚇到。這一切大致構成一種社會秩序，由較弱的一方使出非常古老的狡猾手段解決所有問題。根據流傳的民間故事，有些蠻族命令老人用雙手攀住樹枝，吊在樹上任人搖晃，藉此辨別哪些人還有活下來的權利。但那只是一種象徵，絕非事實。在任何社會中，老年人都穩坐樹頭，而且禁止搖晃。

蘇格拉底則席地而坐，而且滿意這個位置；但偶有幾次，他伸出軍人的臂膀，為了好玩而去搖晃那些握著權柄的老人，也打落了幾個已經開始往上爬的年輕人。這個有趣的遊戲，年輕人玩得開心，另外那群人可不太高興。這遊戲最後以毒芹汁收場，那是一種鎮痛劑。而誰不知道，與其命令這個老人一次大量飲用，結果造成一起驚天動地的死亡醜聞，讓所有那些明目張膽的滋事者，從嬰兒時期起就偶爾一次喝一點，應該更為得體？考試的目的別無其他，就在於檢測不斷誕生的年輕蘇格拉底們是否規律地飲用極少量的毒芹汁。

如何得知？只要對這些年輕人提問；這些問題不止一次撼動世界，搖晃有乳酪可吃的人們所棲息的大樹：宗教、正義、道德標準等級、以人為本的文明，都是些不該問的問題，考試的時候卻偏偏要問。為了鼓吹人們去搖晃大樹。而我們可藉此得知，那些真的搖撼了大樹，或只是在爬樹時動搖了枝幹的人，還需要喝更多微量毒芹汁。

所以，年輕人努力談論他並不知道的事，因為這麼做沒有危險；他也致力於為從來沒讀過的書做摘要，因為眾所皆知，偉大的讀者對小孩來說十分危險。如果人們看見掙脫了枷鎖的柏拉圖，甚或笛卡兒，甚或康德，看見他們如在世時那樣，宛如陣陣狂風搖晃各種樹木，那將激起一場天大的公憤，打落一堆石化的果實。不過，也有些書本摘要完全或微量浸淫在毒芹汁中，而用這種沒有立即催人老化之危險的養分，不可能製造出任何不合宜的東西。

再談談身分地位；假設這些赤身裸體的人復活了，他們可絲毫不是思想家；不，反倒像是伐木工。否則還能如何稱呼？他們藐視現有秩序，牽強地認為它隸屬完美的自由人——其實只是愛好自由的人。於是，就我的了解，用化學家的說法，這種社會學有如細得摸不出來的粉末——毒芹化合物，人們想用它來灌溉各種思想，理所當然地帶有顛覆性的思想。一旦把人當做目的，什麼也不會成功，老人說；但若把社會當成目的，則必諸事順利。

81

請練習盡可能地支持對手的論述

「說給孩子聽的世界大戰」，好個漂亮的標題。但在這標題之下的是什麼？善意的謊言？抑或是赤裸裸的真相？在此，我看見我們那些政治人物有如野蜂一般鼓譟不休。我認識幾位，他們更厲害，自稱歷史學家；針對這個棘手的題目，總要再三斟酌，才勉強寫出一個句子：「重要的不是知道那是真是假，而是知道我的國家是否變得更好」。正因為這種邏輯，德雷福斯（Dreyfus）[87]被定了罪。幸好，同樣這批人，在自己親眼見過的事情上，皆像公羊一樣低頭抵擋，聲稱：「我一個字也不會改，如果那些盲目的志願軍不喜歡，那是他們活該！」同樣一個人，經常出現這樣的矛盾觀點，而教師卻根據這些來寫他要說給孩子聽的故事。而不

87 編註：阿弗列．德雷福斯（Alfred Dreyfus, 1859–1935），法國猶太裔軍官。一八九四年，因其猶太裔身分而遭誤判叛國，多年後才獲得平反，法國社會不得不正視自身反猶太主義的傳統。史稱「德雷福斯事件」或「德雷福斯冤案」。

死的彼拉多（Pilate）[88]將再問一次：「真理是什麼？」懷疑論是一種優雅的背叛方式，對，在過去，我十之八九會這麼說；但現在，對於聰明智士的滑頭、靈活操弄的工夫，我有了更多認識，百分之百，我一定會這麼說。

當然，沒有人有資格詳細地重新描述那場戰爭，並說：「當時的狀況就是這樣！」所以，以後我們只能讀到一篇篇抨擊文章，贊成開戰還是反對，支持傳統政治還是反對？抨擊文！讓這些孩子讀，然後當這場重大審判的意見法官!?該怎麼做才好？無論如何，寫故事的教師必須知道，他可以從諾頓．克魯（Jean Norton Cru）[89]那本名為《見證》（*Témoins*）的書中得到許多啟發，這本書已開始在全世界引發關注。我並不打算用幾行文字去評論這部巨作，儘管我已專注仔細地讀完。有人提出書中的錯誤之處；而人人都察覺得到作者對戰爭抱持極強烈的反感，立場鮮明，凡可能暫時美化戰爭，或者稍微讓戰爭沒那麼難以承受的色彩，皆被排除。在這本書中，步兵批判參謀長官，在這些書頁中，我個人的激昂情緒得到精心挑選的補給。但在此，我要把以前我經常給別人的建議保留給自己用：「請你練習盡可能地支持對手的論述。」這種強效有力的方法得自蘇格拉底。這本書中，步兵們的回憶，例如佩扎爾（Pézard）或戴爾維（Delvert）的，應該根據皮耶弗（Jean de

Pierrefeu）[90]的《指揮總部》（*Grand Quartier Gu*）做修正，後者這本書描繪出指揮中心的想法和高昂的熱情。我們不會再訝異於指揮長官們無視淤泥、疲累及戰場的實際狀況，冷酷地對著電話筒下令：「不惜代價，收復失土。」相反地，我們會努力去了解另一種形態的勇氣，反對濫用同情的勇氣。然後我們會自問：「那時他有別的選擇嗎？」因為很清楚地，執行者無權批判他可能要嘗試去做的事。畢竟這場恐怖的遊戲有其規則。因此，非常重要的一點是，要全盤考量，就像對待一部機器一般，深入探討這整個鐵石心腸的系統：它顯然不把人的血肉看在眼裡，活生生地壓榨、撕裂，彷佛人就是這項用途所需的材料。

透過這些方式，我們將有描繪戰爭真面目的途徑，那麼我們就能保障和平嗎？我什麼也不敢相信。人是一種暴躁的動物，輕易撲向最悲慘不幸的境地，有

88 羅馬帝國猶太行省的第五任總督（26–36在任），判處耶穌釘十字架之人。審判時，耶穌說：「我的使命是為真理作證，我為此而生，也為此來到世上。凡是屬於真理的人一定聽我的話。」他卻反問耶穌：「真理是什麼？」

89 法國作家讓·諾頓·克魯（Jean Norton Cru, 1879–1949）的作品，書中檢視一次大戰士兵證詞的真實性。

90 讓·德·皮耶弗（Jean de Pierrefeu, 1883–1940），法國記者，於一戰期間擔任中尉，他的作品《指揮總部》中記錄了戰時指揮總部的大小事。

時甚至只是為了擺脫枯燥的等待。我只會說，必須知道自己想要什麼。在著名的腓特烈時期[91]，一個文人可以被各種膚淺的榮耀敘事沖昏頭，再加上一瓶美酒就全部打發。他簽了名，卻不知道自己訂下什麼契約。憨弟德（Candide）[92]一點一滴地體驗了這痛苦的經歷。我不認為徵兵的方法有了多大的改變。每個人只需問自己是否願意去當徵兵召集人，說穿了就是去迷醉那麼好騙的年輕人，目的是訓練他們參與一場恐怖的歷險。什麼？如果我能在憨弟德開始飲酒之前拉住他，是否就不必向他血淋淋地描繪行軍、饑荒、污泥、突擊和暴政？亦或應該把人當成馬匹一般訓練，蒙住牠的眼睛，治療牠的恐懼？傳授勇氣原來是這樣的嗎？教導難道等於欺騙？心中如此相信的人永遠也不敢說出口。於是，他們做了什麼，也一樣不能承認。是否能對自己坦承？然而權力機構的膽怯遲疑完全騙不過我，這是我們唯一的武器。知道這一點的人，即已打斷鎖鏈上的一環；整條鏈子很快就會散掉，只需再拿出一點耐心。

91 腓特烈二世（Frédéric II de Prusse, 1712–1786），史稱腓特烈大帝（Frédéric le Grand），普魯士國王、軍事家，歐洲歷史上最偉大的名將之一，啟蒙運動的重要人物。

92 啟蒙運動時期法國哲學家伏爾泰所著的一部諷刺小說《憨第德》（*Candide, ou l'Optimisme*）中的人物，於一七五九年出版，藉由憨弟德的流浪故事抨擊樂觀主義。

82

自私與利他

公民道德課程滿布荊棘。我指的不是危險，只是題材本身所帶來的困難。企圖心強大的課程會有這樣的典型缺陷；他們什麼都想教給孩子，甚至是連大人都費很大的勁才能懂的東西。此外，情況很清楚，權力機構一直不斷地希望我們能教人民一些與現有政策相關的課。如果服從照做，那是狂熱崇拜；如果反抗，那還是狂熱崇拜。或許只有熱情能對抗熱情。無論如何，我們可以摸著良心說，任何狂熱崇拜對孩童來說都不好。

在這個主題上，講求實證理論和理性的孔德表現最優秀。我們可以依循他的思想，把他的想法轉寫成適合孩童的程度。總之，避開暗礁的同時——在此指的是他人和我自己的情緒——我這樣駕馭我的小船。大家都輕視自私的人，那人只想到自己的利益，只確保自己安心。孩子有時會表現得大方慷慨，甚至有點英雄主義，因為受了整體精神影響，他服從同儕相處的法則。比方說，他寧可被罵或受罰，也不願對老師供出做錯事的同學。這樣的例子大家都很熟悉，裡面的人很容易表現出一種刻意盲目的狂熱崇拜；因為老師牽涉到孩子們的利益，而他們自己也很清楚。不過，在這個例子中，應該凸顯的還有一種真正的勇氣，一種神聖的誓約，儘管沒有說出口，但孩子也絕不食言。這種社交情感使他與其他同學相連，早已榮辱與共；孩子因此被提升，超越了動物性的自私心態，會為他人生活及行動，發展出各種實際的美德。

這種狂熱崇拜一點也不壞，而家庭內部的狂熱崇拜則自然得多、強烈得多，而且在全世界都被讚揚。兩者間的比較頗有意義。無論事實如何，人們絕不批評自己的父親或母親，不管發生什麼事都發誓愛他們，蒙蔽自己的眼睛。不揭發他們，絕不忤逆他們。在此，社交情感的成分比另一種崇拜強烈，也更理所當然。更顯而易見的是，天生的自私被克服了；人們超越了自己，奉獻自己。甚至，在這個值得注意的狀態中，可窺見自私與利他混雜得多麼密切，而自私還將那種強烈的，直可說是生氣蓬勃的特性傳染給利他主義。孔德有一重要思想如下：我們最高尚的情感自然也是最脆弱的情感。人類應學習去愛。

同樣的道理，且同樣依循孔德的思想，我們應該把愛國情操視為用來將我們的利他情感從這種麻木狀態中喚醒的適當工具：工作及對事業的擔憂總讓我們以自己和自己親近的人為中心，利他精神因而潛沉深埋。所以亦須用真正的色彩來塗繪這份具有感染力的熱忱，透過公開演講、慶典、紀念活動，很容易就能蔓延發展，如奇蹟一般地將巨大的恐懼轉化成深厚的友誼。那時，人們不再想去批判，蒙蔽自己的雙眼，忘記公平正義；至少有那麼一刻，滿懷喜悅，投身於其他美德：勇氣、堅忍、忠誠。人們沒想到原來在自己身上，這些性格如此強烈，於是覺得自己更優秀。權力機構什麼都敢做，幾乎不怕任何危險。這種狂熱崇拜應與所有其他的一樣受到批判，忠黨精神亦然。刻意的盲目不容否認；但也必須承認這麼做確實引出偉大的情操，以及忘我的時刻，人因而得到文明教化。若想製作一幅真正代表人類樣貌的側寫，此處將樹立幾位英雄楷模，但要小心別與權勢人物混淆；後者很容易自我陶醉，彷彿卑微的執行人員自我膨脹，不計任何危險，竟至產生為他人生為他人死的微妙情感。這尚稱不上正義，但至少是達成正義的工具。

所有醞釀中的真理都如此大同小異，所以應該評判價值觀，並且與普世皆同的情感達成共識，表明國家的價值並非至高無上。天主教義並未誤解這一點，因為它不可能忘本。不過，只要有點常識，便足以認清國家經常忘記正義，權力機構常失誤犯錯，可說是幾乎每次都錯；原因是以下這個顯然敗壞道德的想法：強權被擺在正義的前面。所以出現了那麼多的帝國和那麼多的征戰，而如同歷史所顯示，些許善舉之中摻雜了大量惡行。因此，人們將得出結論，始終與普世皆同的情感達成共識，認為所有稱得上是人的人，都該在自己心中保有一個能自由評判且不可動搖的部分；如他們所說的，可將國王放上他公正無私的天秤，最後辨認出正義英雄的最高美德，無論他的種族或來自哪個國家。人性將常駐他心中，他發願，想將它傳遍世界。

這就是全部的想法，完全是普遍的心聲，在此可充作教材文章。基於一種自然產生的謹慎，避免把自己情緒性的字眼傳染給孩子，在我看來，應小心不再多加贅言。可確定的是，我們也不可能少說什麼。

83

服從與反抗

我教導服從。脾氣火爆的讀者馬上會想衝著我說：你本來就是靠這個吃飯。確實如此。但如果我們那些大人物願意聽我怎麼講解服從，應該會認為他們把錢投資到了錯的地方。那個族群貪得無厭，他們難道不想藉著服從得到尊敬，甚至愛戴？那麼，火爆的讀者，我們來算算帳吧！把他們和我，以及你與我之間的帳算清楚。

所有權力都是絕對的。戰爭已讓我們明白了這件事。沒有執行者的同意，行動不可能成功；而一旦他們擁有全世界最強的意願，卻只會同意迅速執行命令，不讓任何下屬有興致去批判討論。有什麼可說的呢？只能認同當長官面對拒絕甚或只是遲疑，就應該強迫下屬服從吧？這會立即招致新一波的威脅，而只待危機一過，該馬上祭出最嚴厲的處罰，若不夠嚴厲則威脅顯得荒謬。有些人輕易就接受戰爭，視之為可能發生的事，我佩服他們此時卻提倡人道和正義，彷彿在敵人逼近時，還能有閒情逸致講求人性和公平。人要有自知之明。

和平根本不存在，因為敵人不止一個。這就是為什麼所有大權皆操在軍方之手。水火不相容。街道封閉。你詢問原因，但衛兵也不知道。於是你提出公民的權利，想要過去。衛兵以軍人的方式阻擋，請求部隊支援。倘若你發怒反抗，你會被痛打一頓；假如你掏出武器，衛兵會先聲奪人，把你給殺了。如果權力單位沒下定決心強迫服從，就等於失去了權力。如果公民不懂這一點，在心生恐懼之前不先支持這強大的機制，就不能維持秩序；戰爭的威脅已蔓延每一個街角，旁觀者挨打，正義蕩然無存。

很好，這就是法西斯主義所真正封鎖的事態，正是許多人強烈感受到的情況。但必須深入了解，劃定範圍；必須設限、控制、監視，批判這些可怕的權勢。畢竟，如果人能做任何事且不受控制，沒有人會為了自己熱愛之事犧牲正義，更別說還理直氣壯；因為力量強大的人相信自己。這就是為什麼，如果文明百姓們鐵了心，非要持續頑強地反抗威權，公民的服從恐怕令人憂懼。但要如何反抗？既已服從，還剩什麼？還剩下輿論。

精神理智永遠不應該服從。一則幾何學證明即足以闡明這個道理。如果你未經證實即聽信結果，那麼你就是個笨蛋，背叛了聰明才智。這份內心的判斷，最後的避風港，夠安全的避風港，一定要守護，絕對不可讓渡。夠安全的避風港？我之所以如此相信，是因為很清楚地，奴隸制度之所以沒斷根，正是公民把自己的判斷力任由上級踐踏的後果。他認同，他因而快樂；但他知道自己付出了多少代價。對我而言，我無法了解老百姓的行為變得像獵兵隊。因此，我呼籲好公民們，秩序之友，致死效忠的執行者，請勇於多奉獻一些；我的意思是，為無情的首長喝采，支持他，愛戴他。但是我更希望公民自身能保持彈性，精神理智上的彈性，要具備不信任的可能，對於首長的計畫和理由永遠保持懷疑。這表示，為了避免更慘重的損失，需剝奪享受神聖的團結力量之幸福。比方說，絕對不要因為過度服從而相信戰爭是或曾經是不可避免的，絕對不要相信賦稅的計算是最公平的，還有國家花費及其他的支出都是合理的。所以，請以洞見、決心、無情的方式監督首長的行動，對於他的公開說辭更要仔細嚴控。對他的代表們，亦要傳達同樣的反抗和批判精神，直到權力機構好自為之。因為，如果這其中滲入了尊敬、友情和關照，正義和自由即告淪喪，連安全也不復存在。德雷福斯事件正好十分切題，如今看來已明朗許多，值得各位深思。我知道，各位好公民未曾見過這樣的事，你們實在難以相信。我們必須了解，如此嚴重且被默許的職權濫用，正是沒有管制權力所造成的必然後果。沒有任何理由可讓一路飛黃騰達的人養成必要的美德，防止他過度自信，卻有諸多因素能讓他在往上爬升時失去這些美德，即使他曾經擁有。這些省思苦澀難嚥，卻是良藥，令人得以窺見何謂激進的精神。這個名稱取得好，但那些若無法愛戴就無法服從的脆弱心靈卻仍不夠明白。暴躁的讀者，你滿意了嗎？也許並不。我不會去問掌權者是否滿意：他從來不滿足，什麼都想要。

84

團結

團結就是力量。對，但是是誰的力量？倘若所有腦袋裡都只裝著相同的想法，而且是唯一的一個，人民利維坦將席捲一切。然後呢？我察覺永恆不變的團結成果：強權獨大；道德教條，被緊咬不放的異端分子，被除籍的人們，被驅逐出境的，被殺害的。團結是一頭強大的生物，只想要自己，其他什麼都不要。軍人的思考方式在此表露無遺：「一直在批評的下屬對我來說一點用也沒有；我要他們支持我，我要他們愛戴我。」而要達成萬眾一心可不是一件簡單的小事，它壓倒一切。想像力陶醉於這樣的和諧一致，就連對腳步聲也敏感。人人期待最佳效果。然而，拿破崙的軍隊把皇帝趕下台，整個舊朝體制隨即回歸；他們趕走的別無其他。團結已成氣候，自吹自擂，逐漸蔓延，征服人心。人們苦盼不到任何其他思想。

只有自由的人才有思想；他沒做任何承諾，抽身不問世事，獨來獨往，絲毫不去煩惱自己討人喜歡或不喜歡。執行者一點也不自由；首領長官一點也不自由。團結這項瘋狂舉動讓雙方都受到牽制。放棄主張分離的人，選擇志同道合者，這根本不是思考，或者應該說，這只是在思考如何團結和如何保持團結；完全沒考慮其他。強大力量的法則是鐵則。一切關於力量的思考討論皆著重於如何強大，而非之後要如何使用。強大的力量怎麼用？這以後再說，因為會造成分裂。力量，光是預感到某種思想出現，立即全身顫抖，覺得彷彿要崩潰。其他思想，無論為何，皆是首領的敵人；但其實首領自己的思想也常與他作對。一旦他開始思考，想法就產生分歧，他必須審判自己。思考，即使獨自思考，亦等於給予談話機會，甚至是為任何人的想法賦予力量。欺上大不敬。如果任憑發展，整個政治生命將變成一段軍隊生命。

小黨或大黨，小報或大報，聯盟或國家，教會或協會，所有這些集體生命，為了尋求團結，皆失去了理智精神。一個由各式各樣的人所組成的團體永遠只有一個很小的腦袋，做為首腦已應接不暇。一位演說家偶有讓反駁者趁虛而入的時候；但那也正是他相信自己終將贏得勝利的時候。可能被打倒，甚至高興被打倒，這種念頭絕對不會出現在他腦袋裡。

蘇格拉底反覆推敲、傾聽、詢問，一直在尋求了解他人的想法；但他的目的不在打擊削弱對方，相反地是想給他所有可能的力量。而對方卻經常因此而惱羞成怒。因為，我們的想法一旦清楚公開之後，就不再是我們本來所想的那樣，差得遠了。一人獨處，自由自在；與另一人共處，兩人都要自由自在。脫離了這條路，心智黯淡無光；脫離這條路，真正的教育完全不存在。在這條路上，人與同類對話，希望找到旗鼓相當的人。幾何學大師的任何一個小證明都能重建心智這個肉眼看不見的國度。任何一場實驗亦然，因為，如果隨意自由討論，無論何種類型的證明皆不再算數。而重點不在於學富五車。

然而，這就是我們求知的方式，別無他法。閱讀柏拉圖相當於觀察領會蘇格拉底的各種招式與伎倆，有興趣一探究竟的人，首先會感到訝異：這條條大道竟然沒有通往任何成果。不僅如此，書中也沒說自由的心智將獲得許多事物的保障；至於是否能輕易與許多人達成共識，則著墨更少。從某種角度來看，一名球員也一樣其實沒有任何收穫；但他輸掉球賽的時候，至少贏得了健壯的胳臂和小腿。因此，蘇格拉底所贏得的是，在對抗辭藻華麗的言論之時，感到自己十分強大。在那個希臘小國，那個幸福的時代，人們親眼看著自由萌芽。我們至今仍靠這項珍貴的資產生活。我們這些人形麵團遲鈍又武斷，幸好其中還留下了這麼一點自由酵母。因此，最高等級的培育計畫一如所有政黨，永遠會在各國重生；就算是一對一的教導，也永遠不會徹底成功，總會殘餘一丁點不輕易迷信的微光。

噢！警惕人心的火光，千萬別沉睡！

85

自由的心智體操

一群無產階級拿這個美麗的詞彙當做座右銘：「知識。」我腦中許多愉快的回憶瞬間被喚醒。我想到這股突然覺醒並聚集的輿論力量，僅以目光的力量，即推翻所有軍方和政客的謊言。堪稱世界上獨一無二的非暴力革命特例。外來戰爭的威脅與恐懼同時被拋到九霄雲外。史上首次，人權高漲，超越國家；面對平反冤獄的訴求聲浪，所有人都必須臣服。對於自己的力量，人民安然從容且信心十足，彷彿齊聚一座遼闊無比的大劇場，鄙夷地聽著唱作俱佳的政治悲劇演員們演出。全世界皆以讚嘆的目光凝視這些和平大會。那曾是布爾喬亞與無產階級融洽共處的時代，知識學養高的人將他們的學問奉獻給公有寶庫，帶著更多財富滿載而歸。很清楚地，在這些人民大學裡，交流毋寧基於友好，不限知識範疇。的確也如此：要看穿暴君們的把戲，在他們想恫嚇我們時大聲嘲笑，並不需要多麼卓越的智慧靈光。事過十年之後，要評斷三年兵役法案[93]，所需要的就更少了。那項法案並未為我們多增一兵一卒甚或一個小時，只不過是對協約的俄軍和敵對的德軍發出戰吼。於是我突然領悟到自己太輕敵。無產階級沉迷於自己的夢境，與外界脫節；布爾喬亞故步自封，公職人員小心謹慎，年輕人已看開一切，沉默無言，這就是我們生存的社會。治理的藝術擁有豐富的資源，我們卻突然變回毛頭小子。其實，要讓年輕人對自己的命運感興趣，比召喚他們去支援一名無知者要困難得多；而這說起來冠冕堂皇。但慷慨義氣將再次上當受騙，如今，已被趕盡殺絕。平庸的前景一片大好。93

所以，思索著我們如何能教導正在成長的少年們保持清醒、勇於挑戰，我想從一項值得紀念的經驗中汲取最甜美的果實。當時，在政治空談派和民間教師之間，曾發生過某種衝突。因為，對我們這些其他人來說，這場大事件令人措手不及地動搖了所有信仰，在所有神祇頭上動土。但所有黨派皆有其教義及大神。困難之處在於引導朋友們去練習這種自由的心智體操。在這種訓練中，需求絲毫不會只因為是最緊急和迫切的，就被當成檢視起來是最有用的。我們帶來文化，希

93 編註：作者指的是一九一三年法國通過的一項軍事改革法案，將兵役自兩年延長至三年，用以抵抗德軍。

望藉此讓那些沒有閒暇，經常蔑視這些動腦遊戲的人，能夠自由支配意志。天文學和物理，細節龐雜，注意力容易疲憊；歷史令人發噱，頭腦健壯的聽眾無法相信人民曾經如此愚昧地盲從政客。於是，人開始嘲笑熱愛的激情，畢竟愛戴沒有造成任何效果。但笑得最厲害的卻是第一個上當的。經歷過一段艱苦的日子後，現在該走出天真的想法，透過詩意的訓練，去感受那些人們信得根本不夠深的可畏激情。聽說我們無產階級朋友最缺乏的，並非常識課——那基本上夠簡單，而是這研究人類天性的古代科學。那些學問分布在各大經典中，必須讀上二、三十遍。若說第三十遍的閱讀輕鬆愉悅，第一遍可是毫無成效，艱澀難懂。

86

小而充足的改變

人們說，以後的新世代將難以控管，我倒希望果真如此。然而，政治上還看不出有此徵兆，頂多是權力機關極度謹慎，密切注意目前的輿情。但我所感興趣的是才智的運作，因為未來的一切皆仰賴於此。如果不想成為奴隸，首先就要避免上當，步步為營。拒絕相信是一切的基本，拒絕這件事頗能定義聰明的程度。

近來有一項天主教運動。若用最廣義的方式來看，天主教的價值普世皆通，所以這甚至可說是所有一切的運動。而所謂普世價值，無論用何種方式來讚揚，最高等的人是勇於拒絕的人。沒有人能不把禱告的行為當成一項重大拒絕：拒絕崇拜財富、權勢、力量。是的，那是在為了以其所呈現的樣貌看待這些事物，為了做出審慎的評估而傷神。沒有人能什麼都不崇拜。只有在先犧牲位階較低的神祇後，才智才終於覺醒；但它之所以能覺醒，也因為一項對能力和使命的極高度認知。這項必須去思考的認知，需靠每個人各自努力，那就是：人人都應拯救自己的心靈。

拯救自己的心靈？你想說，理解這句話的方式不止一種。但其實差別並不遠。如果你能找來一位神學家，他公開傳授以趨炎附勢的方式來解救心靈，而為了成功做到這一點，首先不管真話假話，要不斷說好話討人開心；那麼我向你認輸。不過你絕對找不到。所有宗教的基本原則，即是在衡量一切，考慮一切——家庭、野心、能力、公共秩序、國家，所有的一切皆有分寸地安排好，甚至合宜的處理好之後，另外還有更重要的事。從這個角度來看，整個教會都該被超越和否定。教會不是神，另有其他。上帝本身也不是神，另有其他。自由的思想家延續神學家僧侶的運動。這座拒絕一切的修道院仍僅是一種象徵。所有思想皆是一座暫時的修道院。

然而，在我看來，當今的年輕人會對權勢說不，甚至非常大聲；並且會對自己說好，是深思熟慮的一代。有人可能會說這是因為有幾位前輩指引他們。但其實運作來自每個人的心底最深處。一旦年輕人的眼中看不到任何大師，他們便會嘲笑，掉頭背離，去找人家不希望他們讀的書。無論科學、詩歌，還是哲學，最後總是孤僻且艱澀的勝出。

為什麼？起因遙遠。我們未曾評估自由的分寸，沒有人衡量過。強烈的呼喚讓自由樹立。醜惡的戰爭根本殺不死它。武裝的人民已多方思考。這座修道院強行引導思潮往重要之事發展，並未局限於少數人的想法。幾乎所有人都以為這一次他們定能消滅戰爭。戰爭卻絲毫未被那樣的想法葬送。共同的主題，深刻的宗教主題。其分量不遜於反省價值觀；面對既得利益者的傲慢，永遠有必要重新檢視各種價值。我們引發了戰爭，但另外還有其他。我們是戰勝國，但另外還有其他事。戰爭確實喚醒了精神。所有思想都有後果，接續著其他思想，這樣已足夠。只要人們同意：在已算數的事情之外另有其他重要的事物，那麼，暴政已死。

而且還另有其他變化。女性也加入思考之列。這項運動猶豫不前，遭到阻礙，轉向變質。女人當上律師和醫生，這並未改變多少事。後來又出現了一大群女學士；簡直是濫竽充數，人們執意如此認為。但任何一點思想都有其後續發展。女性默默地挺身而出，甚至勇於嚴正拒絕，甚至接受學生折磨師長的恐怖考驗。情感絲毫未曾誤導想法，並非人們草率以為的那樣，反而真誠地滋養它。以後，人將會因曾經害怕那麼多不實幻影而臉紅。因此，我們會遭遇的絕對不是某種不穩定的革命，而將是散播各處的自由與頑抗意志所促成的一場小而充足的改變，但這樣的例子尚未出現。

論教育

「現代蘇格拉底」
哲學家阿蘭的經驗談，
既是啟蒙兒童的提示，
也是重新認識自我的雙向思考

論教育／阿蘭（Alain）著；陳太乙譯
.－初版.－台北市：麥田出版：
家庭傳媒城邦分公司發行，2017.12
譯自：Propos sur l'éducation
ISBN 978-986-344-512-8（平裝）
1.阿蘭（Alain, 1868-1951）
2.學術思想 3.教育哲學
520.11　　106020565

封面設計　許晉維
印　　刷　漾格科技股份有限公司
初版一刷　2017年12月

定　　價　新台幣320元
I S B N　978-986-344-512-8
Printed in Taiwan

作　　者　阿　蘭（Alain）
譯　　者　陳太乙
審　　訂　楊凱麟
責任編輯　林如峰
國際版權　吳玲緯　蔡傳宜
行　　銷　艾青荷　黃家瑜　蘇莞婷
業　　務　李再星　陳美燕　杻幸君
主　　編　林怡君
編輯總監　劉麗真
總 經 理　陳逸瑛
發 行 人　涂玉雲

出　　版

麥田出版
台北市中山區104民生東路二段141號5樓
電話：(02) 2-2500-7696　傳真：(02) 2500-1966
網站：http://www.ryefield.com.tw

發　　行

英屬蓋曼群島商家庭傳媒股份有限公司城邦分公司
地址：10483台北市民生東路二段141號11樓
網址：http://www.cite.com.tw
客服專線：(02)2500-7718; 2500-7719
24小時傳真專線：(02)2500-1990; 2500-1991
服務時間：週一至週五09:30-12:00; 13:30-17:00
劃撥帳號：19863813　戶名：書虫股份有限公司
讀者服務信箱：service@readingclub.com.tw

香港發行所

城邦（香港）出版集團有限公司
地址：香港灣仔駱克道193號東超商業中心1樓
電話：+852-2508-6231　傳真：+852-2578-9337
電郵：hkcite@biznetvigator.com

馬新發行所

城邦（馬新）出版集團【Cite(M) Sdn. Bhd. (458372U)】
地址：41, Jalan Radin Anum, Bandar Baru Sri Petaling,
57000 Kuala Lumpur, Malaysia.
電話：+603-9057-8822　傳真：+603-9057-6622
電郵：cite@cite.com.my